親と子で楽しむ
エコロジー・クラフト

どんぐりでつくろう
かわいい動物たち

さる

十二支

梟《ふくろう》社

目次

みのむし

夕陽のキャラバン

はじめに——

どんぐりでつくろう

ひねりごま
むかし、おじいさんやおとうさんが作ったひねりごま。ビュンビュンまわるんだよ。小さいけど。

森のバンド

なつかしいどんぐり遊び

夏から秋にかけて、雑木林や山奥に、ところによっては街路樹から、ポトリ、コロコロッとどんぐりが落ちはじめます。

林の中を歩いていたりして、足もとに転がってくると、ついつい拾いたくなるものです。どんぐりって、素朴でかわいくて、なんだかなつかしい郷愁をかきたてられますよね。

どんぐり細工——といえば、おとうさんかおじいさんに、ひねりごまやヤジロベエを作ってもらったかたはいませんか？

おじいさんやおばあさんが小さかったころ、裏の雑木林で拾ってきたどんぐりが、おはじきに、お手玉の中身に、ビー玉やゴム鉄砲の弾にと、いい遊び道具になった時代がありました。

落ち葉をたくとき、椎《しい》の実を放り込んで焼き椎にして、食べたかたもいらっしゃるのではないでしょうか。

大昔のことですが、縄文時代の遺跡から、どんぐりを食りょうとしてたくわえた跡や、どんぐりの粉で作った食べ物が出てきて、ふるくは大切な食りょうだったことがわかります。

人間だけでなく、山の動物に

ねずみの登山

とってもどんぐりは大切な食べ物です。天候がわるくて、山のどんぐりが不作だと、くまやいのししが食べ物を求めて里におりてきて、人が被害にあうことも少なくありません。

　ところで、私たちにとってしたしみのあるどんぐりですが、いったいどんな植物なのでしょう？　どんぐりは堅い殻に入っている実（種）で、茶色にうれても殻は割れません。こういう実を「堅果《けんか》」といいます。みんなの大好きな栗もこの仲間です。

　この堅果を支えて保護しているのが「殻斗《かくと》」（この本では〝ヘタ〟と呼びます）です。

　ヘタは大別すると二種類あって、とげとげしたお椀型（くぬぎ、かしわ、あべまきなど）のものと、リングやうろこ状の小ぶりのお椀型のもの（まてばしい、こなら、みずなら、あらかし、しらかし、うばめがし、うらじろがし、ならがしわ、いちいがしなど）があります。

　いろいろな動物を作るのに、このヘタも大活躍するのです。

どんなどんぐりを拾ったらいい？

　どんぐりは、近くで拾えるものならなんでも結構ですが、丸いもの、とんがり型、大小、細いもの、ころんとした太いもの、それぞれに役目というか、適材適所があります。拾うときはなるべくいろんな形のものを拾っておくといいですね。

　どんぐりは、どんな種類のものでも台風のとき以外は、一度に全部は落ちません。日がな一日、あっちでポトリ、こっちでポトリと、一本の木がひと月くらいかかって実を落とします。雨ざらしになったり踏まれたものは色つやがわるく、細工にも適していません。面倒でも、その日に落ちた新しいどんぐりを拾っておくとよいでしょう。

　拾ったどんぐりの保存法や、どんぐり細工に困りものの虫の

退治法は、15ページを参照してください。たくさん拾ってじょうずに乾燥させておくと、次のシーズンまで楽しめます。

もうひとつの楽しみ方をお教えしましょう。どんぐり林（照葉樹林）では靴がすべるほどどんぐりがびっしり落ちていますが、森の中ではこのうちのほんの数個が芽を出し、実生苗《みしょうなえ》になるだけです。しかし、拾ってきたなかから好みのどんぐりを、プランターに土とふよう土を入れて等間隔に埋め、一日おきくらいに水をやると、五〜六月にはかわいいどんぐりの苗が百パーセント芽を出します。とてもかわいい観葉植物として楽しめるのです。その苗がどんな実をつけるのか、プランターのすみに見本を一粒置いておくといいですね。

ふくろうに始まって次々と……

さて、私のオリジナルのどんぐりキャラクターは、最初はふくろうだけでした。このふくろうを松笠に二、三個とまらせて喜んでいる程度だったのです。ところが、それを見たある人が、「下から見ればふくろうだけど、上から見たら頭はまるでカッパみたい……」と言うのです。ええ？　でも、言われてみれば、ずんぐり太めのどんぐりを逆さにして立てているので、頭のところのヘタの跡（維管束《いかんそく》）が凹んでカッパの頭のお皿のように見えるのです。

これではいけないと、あたらしく、くぬぎのヘタを頭の毛のようにくっつけたら、見ちがえるようにふくろうらしくなりました。やれやれと、よろこびながらふとそばを見ると、もとのカッパに近いふくろうが私のほうを見ているではありませんか。そうだ。この頭のお皿を強調すれば、きっとカッパらしいカッパが作れるはず！

こうして、ふくろうからカッパへ、そして、動物の特徴をうまくとらえることで、どんどんキャラクターは増えていきました。小鳥ができたので自慢して人に見せると「バッタかと思っ

た」と言われ、そのことで、また鳥からバッタやいろんな昆虫にひろがっていく……というぐあいです。

「うまい、うまい」とほめられているだけだったら、ここまで動物や人物のキャラクターは増えなかったかもしれません。

　パンダのどこが黒くてどのへんが白いのか、いのししとぶたの違いは？　など、作りはじめてみると、わからないことがいっぱいで、動物図鑑で調べたり、ものの観察もずいぶん変わりました。

　みなさんも、動物や虫や魚の特徴をよくとらえて、ひとつひとつキャラクターを作っていってください。

　そして、それがだんだん増えてくると、ただ作りため、並べておくだけではつまらなくなって、目や手や足に動きをつけてみたくなるはずです。私もひとつひとつキャラクターを増やしていき、それを並べて楽しみ、表情に変化をつけたりして遊んでいるうちに、キャラクターを並べておく情景を想像し、かざり台を作って、そこにキャラクターをのせてみたくなりました。この本でお見せする、『どんぐりでつくる動物たち』の作品は、このようにして、だんだんひろがっていきました。

　かざり台を作る材料はどこにでもあります。公園に落ちている木の実や小枝、葉っぱもみな大切な小道具です。私の大嫌いな台風のあとも、枝ぶりのよい木の枝や木の実拾いに走りまわります。お庭や林の中、波がいろいろなものを運んでくれる海岸、私たちのまわりの自然は材料の宝庫です。材料はすべて拾ったものか、せいぜい百円ショップの品物で十分です。

　みなさんもいろいろな種類のどんぐりとこんな材料を使って、楽しく、ユーモラスで、優しく、温かい動物や昆虫、魚の世界を表現してみませんか。動物の姿かたちの特徴をよく観察してとらえ、その動物たちが登場人物になってくりひろげる物語を想像して、楽しい舞台を、心おどる劇場を作ってみてください。

　これから、ひとつひとつのキャラクターの基本となる作り方をお教えします。そして、そのキャラクターに「全員、集合！」と号令をかけて、作りあげた私の作品の世界へご招待いたします。これを参考に、自分なりの工夫をくわえて、楽しい作品を作ってみてください。

　さあ、おとうさん、おかあさんと、親子で知恵やアイディアを出しあい、笑いながら、どんぐり細工の物語の世界へ、レッツ・ゴー！

みんな仲よし

こんな作品がつくれますよ

（参考作品）

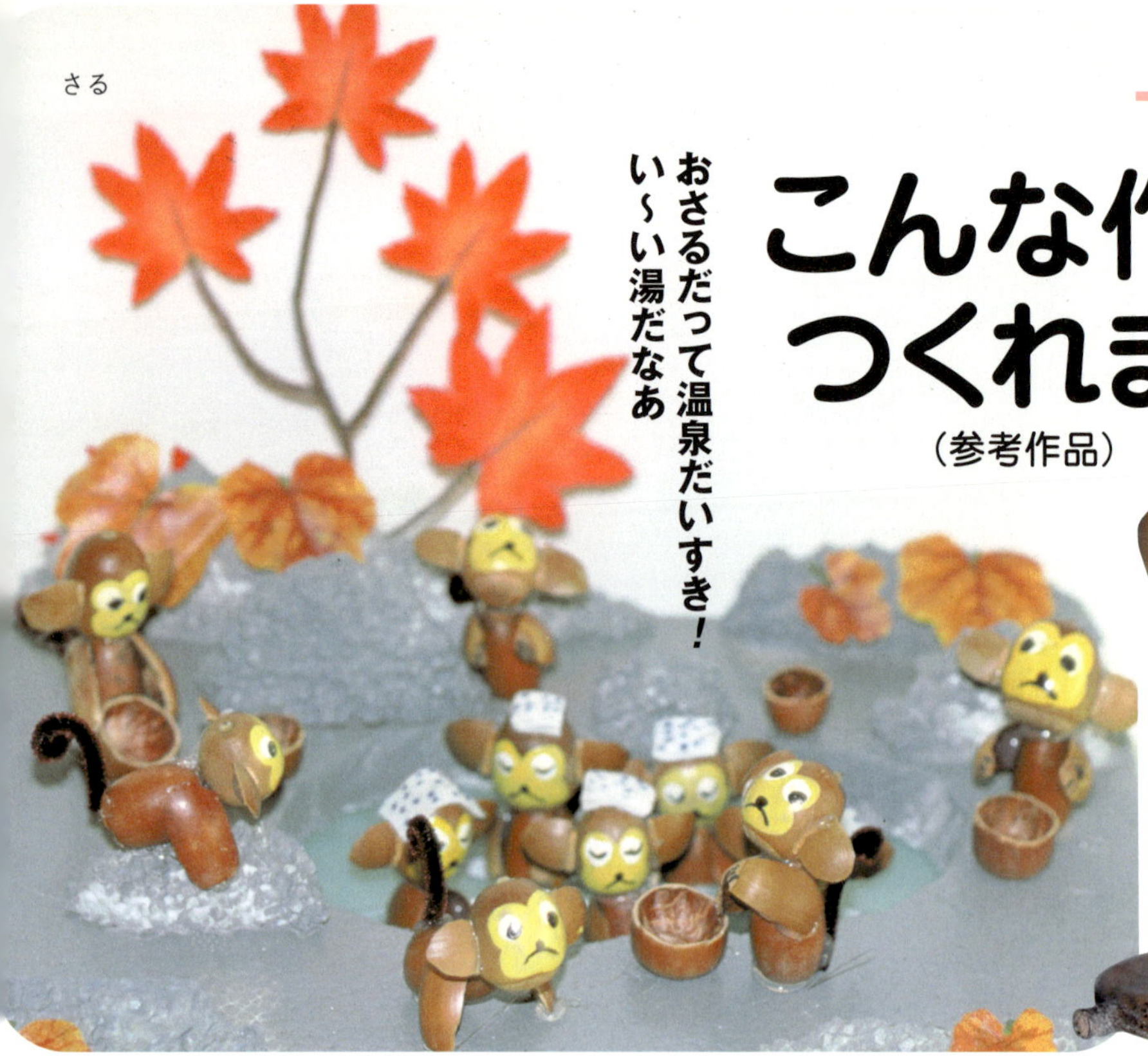

おさるだって温泉だいすき！
い〜い湯だなあ

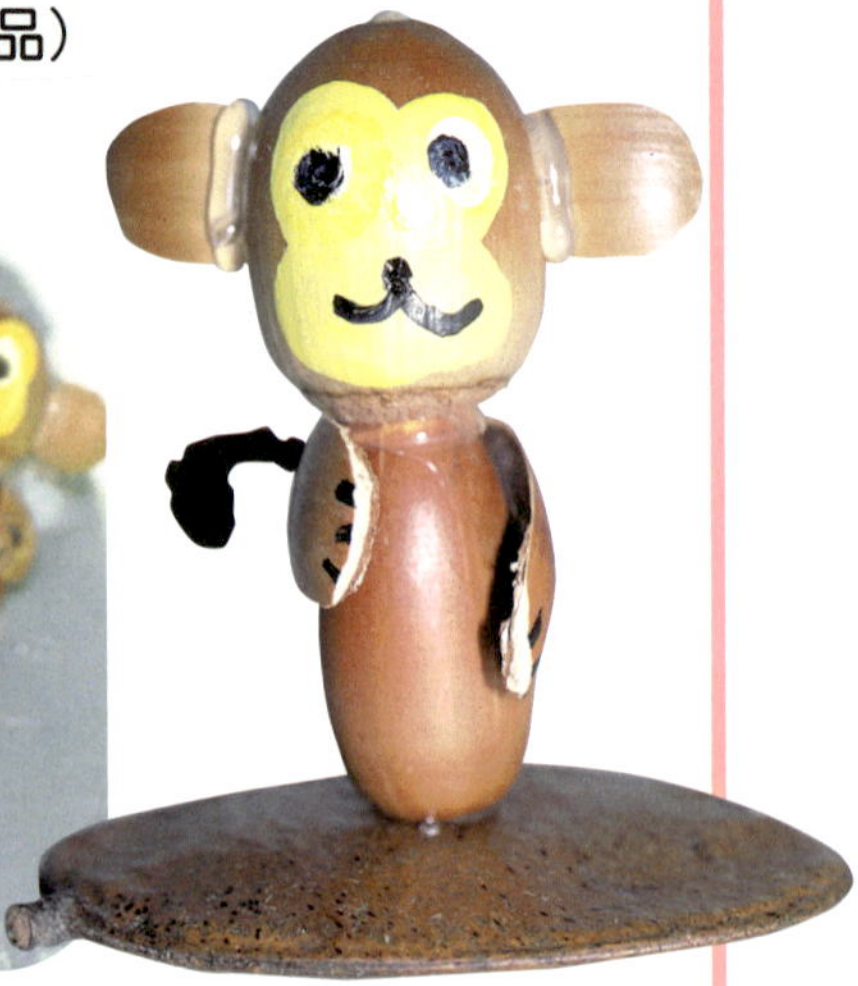

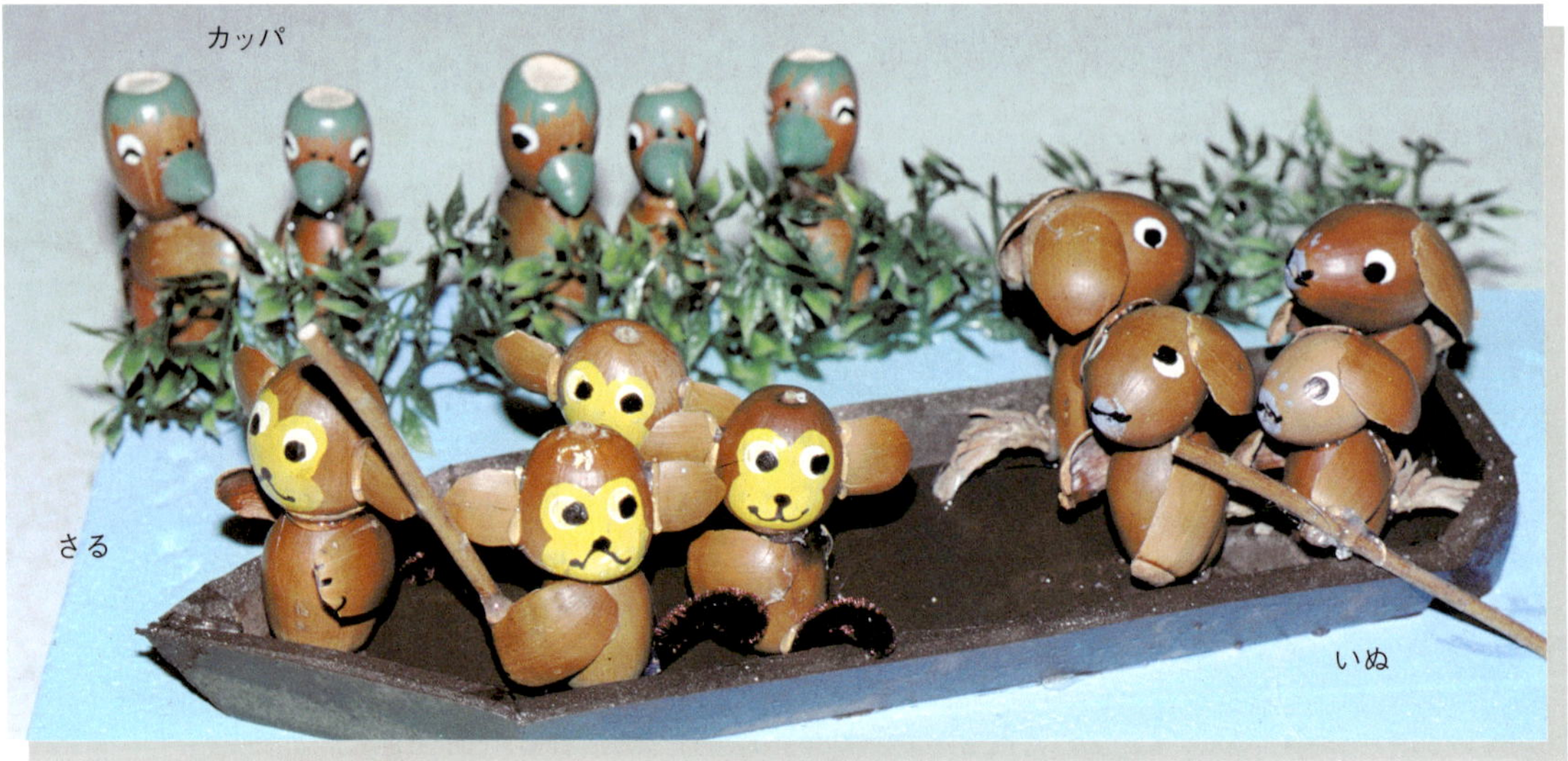

かば

たぬきときつねのラグビー決勝戦

森の学校は、ふくろうの先生、りすの生徒さん

かたつむり

耳をすましてごらん、虫が声をかぎりにないて〜るよ

とんぼ

サンタとトナカイ

かみなりの子

むし

みーんなあつまっといで。
パンがやけたよ。いいにおいだね。

津軽じょんがら節

一寸法師

はちのす

クリスマスのリース

あけびのつるで作ったクリスマスのリースにサンタと天使と木の実の飾り

とら

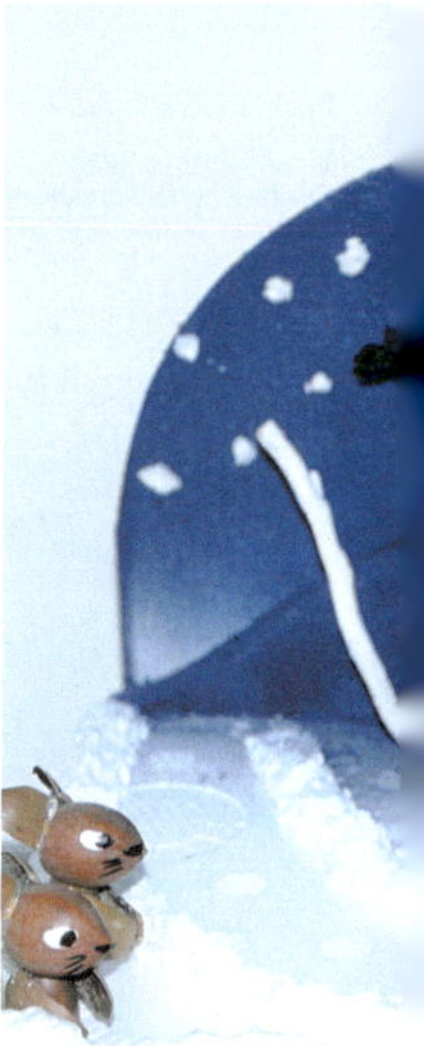

どんな種類があるの？

こなら

実は、だ円形で形がよく、つやもありますが、皮が割れやすいので、胴や頭には不向き。割れたところから二つ割りにして、手足や、切って耳に最適です。

まてばしい

殻が堅く、形も大中小、太い、細いとさまざま。乾いても割れにくく、どんぐり細工にはとても使いやすい材料。太いのは胴に、ごく細いのはゾウの手足や鼻に。割って羽根などにも使用。

くぬぎ

丸くて形がよく、割れにくいので、動物や人形の頭にはもってこいの材料。皮を切って手足、耳にもしやすい。ほとんど虫が卵を産みつけているので、必ず冷凍殺虫して乾燥させます。

あらかし

実は、とがって小粒なので、カップの頭や小道具くらいにしか使えません。小さく、リング状の模様が入っているヘタは、ぶたやいのししの鼻に最適です。

かしわ

実もヘタもくぬぎと同じ。ヘタは少し巻き毛なのでライオンやかみなりの髪にします。これも、虫が卵を産みつけているので、冷凍殺虫して乾燥させます。

うばめがし

ラグビーボールの形をしていて、皮が薄くやわらかい。皮を切って、花びらにしたり、ことりの羽根や尾に使います。乾くと、ほとんど割れるので、胴には向きません。

※ほかにも20数種類あります。

どんぐりには

▲まてばしいなどの皮の堅いどんぐりは、洗ってザルにひろげ、風通しのよい日陰で干す。

落ちてすぐのものを拾って乾燥させ、保存します

どんぐりは一ぺんに落ちるのではなく、毎日、ポトリ、ポトリと、落ちます。落ちてすぐのつやのよいものを毎日少しずつ拾います。まてばしいは洗ってひと月ほどかけて日陰干しにします。

くぬぎなどの殻のやわらかいものはゾウムシなどが卵を産んでいて、幼虫がはい出して、穴をあけてしまうので退治しなければなりません。洗ってポリ袋に入れ、二晩くらい冷凍庫に入れておくと、完全に殺虫できます。これをザルにひろげ、ひと月ほど乾かしておくと、次のシーズンまで十分細工が楽しめます。

▶くぬぎは洗ってポリ袋に入れ、二晩冷凍し、中の虫の卵を退治してから、ザルに広げて陰干しする。

どんぐりを切るときは必ず親がそばで見てやりましょう

どんぐりは、はさみで、たて、よこ、いろいろに切って、動物の頭や胴、手足の各部をつくるのがポイントです。しかし、子どもはまだはさみがうまく使えません。切るときは、けがをしないよう、親が手にとって教え、そばについていて目を離さないでください。小さい子どもや、はさみづかいになれていない子どもは、親が代わって切ってあげてください。

たて割りにするときと、よこ割りにするときとでは、はさみを使う要領もちがってきます。左に図解をしめしましたので、それを参考に。

縦に切る

とがった方を、はさみにさしこんで食いこませ、指を離して切る。

ヘタの方から切ると形が崩れる。割ったら、中の白い種を出す。

横に切る

まわりに浅い切れ目をぐるっと入れてから、ゆっくり力を入れて切る。

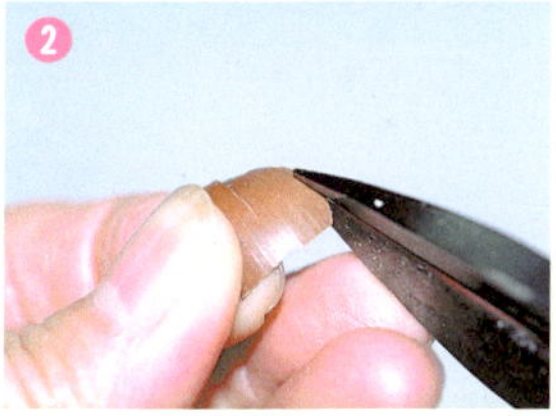

耳や手足を切るときは、はさみの刃先を使い、少しずつ切っていく。

※注意＝はさみで手を切らないように。心配なときは、子どもに代わって親が切ってあげてください。

こんな木の実も材料になります

すずかけの実

台風にも落ちない丈夫な茎です。枝にぶら下げたり、頭と尾をつけて魚にしたりします。

アメリカふうの実

木の枝にぶら下げてもかわいいですが、頭と尾をつけるとはりせんぼんができます。

くぬぎのヘタ

細く切って尾にしたり、ライオンやかみなりの髪、ことりの巣にと、大活躍する材料です。

まてばしいの未熟な実

この本ではポリープとよんでいます。かめやはりねずみの手足、たぬきのかわいいおちんちんに。

のぐるみ

頭と手足をつけただけで、はりねずみになります。遠景の感じを出す木にもぴったりの材料。

ヒマラヤ杉の実

実の鱗片が落ちると、バラの形の実が残ります。着色して台やリースの花飾りに。

つばきの実

殻は動物をのせる台にしたり、実は色をぬって動物に持たせたり、クリスマス飾りにも。

そてつの実

赤い実を1ヵ月水に浸して洗うと、こんな白い実に。色をぬって台の飾りなどにつけます。

とうひの実

もみの木の仲間で、美しい実。立木にしたり、頭と手足をつけてはりねずみや、アルマジロにも。

松笠（松ぼっくり）

雨にあたっていないものは色がきれい。台に立てたり、緑に塗って木に見立てたりします。

貝殻

よく洗って塩分をとります。小さな貝殻は魚や海に関連した作品に飾ります。

ねこじゃらし

えのころ草の穂です。種ができる前に摘むと光沢があり、動物たちのしっぽになります。

どんぐり細工のための道具は？

花ばさみとカッター

お花ばさみとカッターは安全に使いましょう

作品の細工には、お花ばさみとカッターを使用します。どちらもよく切れる刃物なので、お子さんまかせにするのは危険です。何度も注意しますが、くれぐれも目を離さず、親がいっしょについて、刃物の安全な使い方を教えてあげてください。

接着はグルーガンで

各部の接着には、ピストル型の電熱器で、樹脂のスティックを溶かしてくっつけるグルーガンが便利です。ただし、金属製の先端は熱をもつので、これも大人がついて、安全な使い方を指導してください。

グルーガン

着色には不透明の油性マーカーを

目や口、ヒゲ、服などの部分を塗るには、色の落ちない不透明の油性マーカーを使います。いろいろな製品がありますが、どんぐりの地色が浮き出る透明なものはさけて下さい。油性なら三～四分で乾きます。

不透明油性マーカー

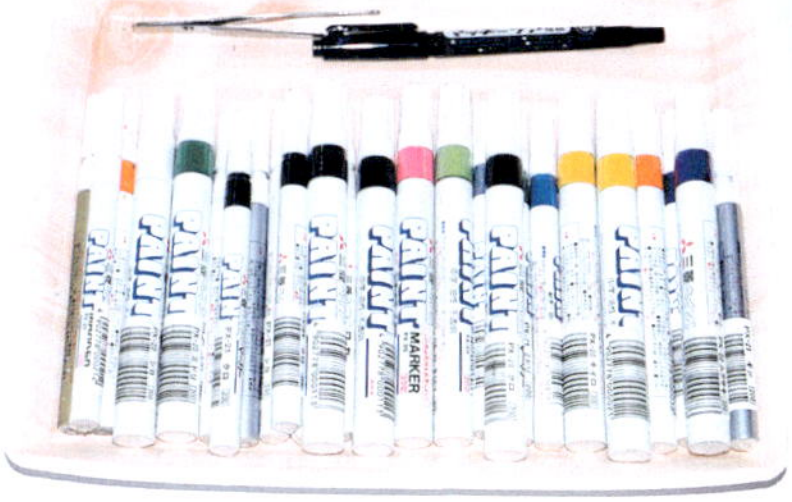

スプレーがけは火気厳禁！必ず屋外で

スプレーをかける場合は、火気のない屋外で。新聞紙を敷いて飛散を防ぎ、噴霧を吸い込まないように風向きにも注意しましょう。少量ずつ四方向からスプレーすると、ムラのない美しい塗膜になります。

製品によっては発泡スチロールが溶けてしまうものもあります。注意書きをよく確認の上、用途にあったものをご用意ください。

カラースプレー

かざり台をつくるには？

発泡スチロールなら自由自在

発泡スチロールの空き箱は、八百屋さんや果物屋さんで分けてもらえますし、宅配便などがきたら、捨てずに、洗って乾かしてとっておきます。発泡スチロールを切るときは、わきを手で押さえ、カッターの刃を傾けて、手前に引いて切ると、切れ目が美しくなります。

カゴも捨てずにとっておく

花束や松たけなどの入っていたカゴも、捨てずにとっておくと、どんぐりを飾るかわいい舞台になります。

かまぼこ板や古くなった花台も、スプレーで着色すれば、かっこうの台になります。

100円ショップの商品も

100円ショップに行くと、ミニテーブルや椅子、いろんなカゴや箱、壁掛け、ガーデニング用品がたくさん売っています。これならそのままかざり台として使え、色をぬる必要もありません。

また、プレゼントをいただいたときの美しい空き箱やリボンも、しゃれた台や飾りになります。木切れや流木などもうまく利用してください。

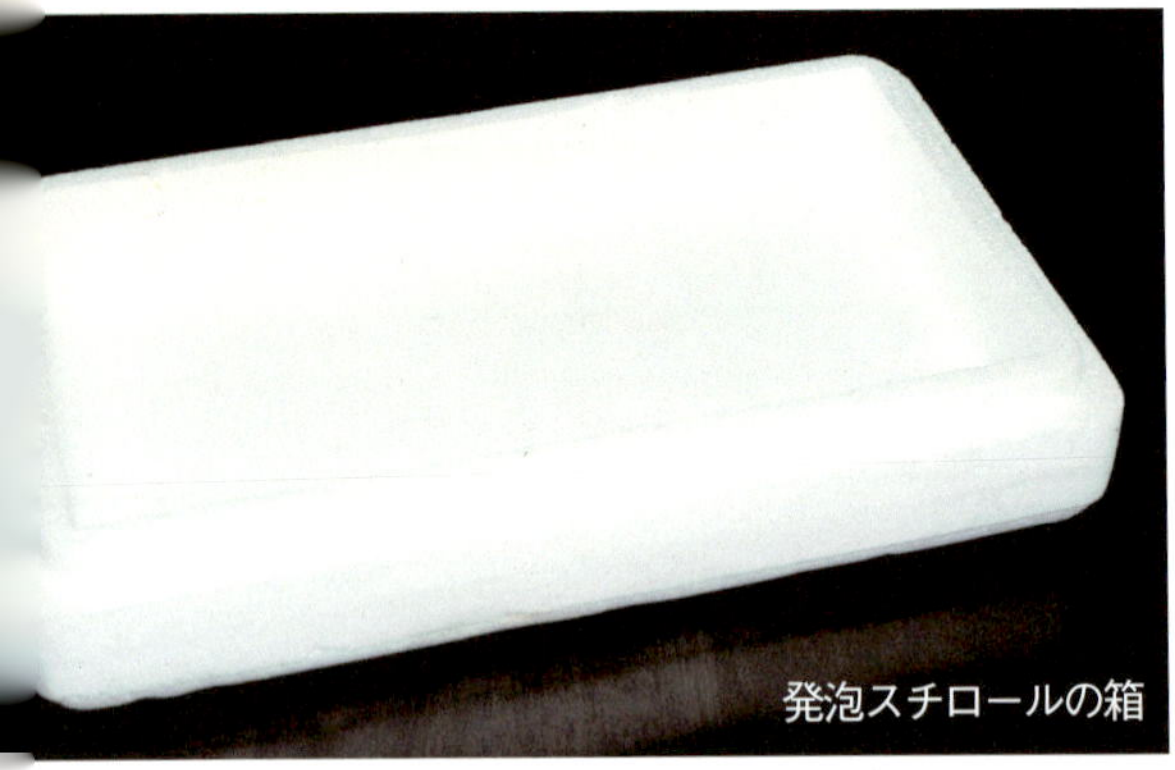
発泡スチロールの箱

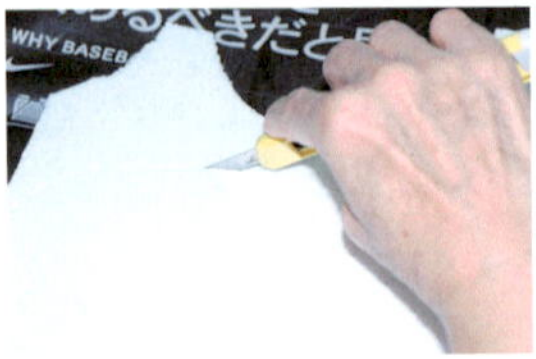
発泡スチロールに、鉛筆で下絵を描いて、カッターで切り抜く。

新聞紙にのせて、風上からスプレーをかける。

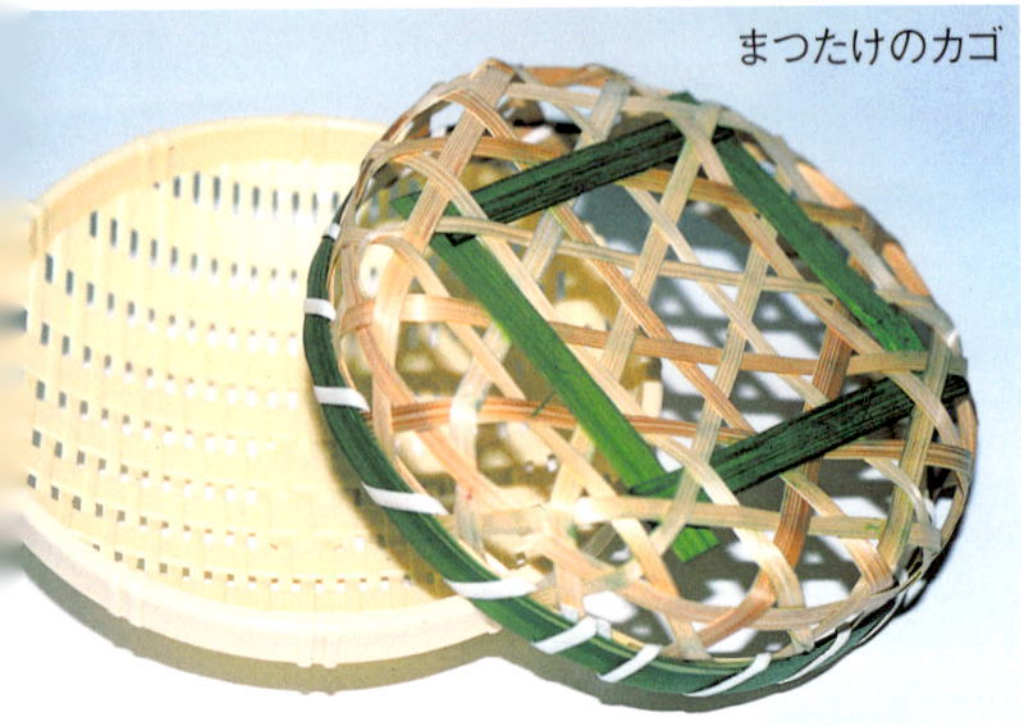
まつたけのカゴ

かべかけのカゴ

花カゴ

クッキーの空き箱

かまぼこ板

どんぐりの動物たち

その作り方と作品のいろいろ

かたつむりと雨がえる

さる

ひょうきんもののおさるさんは、みんな大好きだよね。ぼくらは、動物のなかで一番人間に近い生きものだから、ぼくらの身ぶり手ぶりは、どこか、みんなと似ていておかしみをさそうんだ。中国では「そんごくう」の話もあるし、日本の猿まわしの芸だって、千年近く前から行われてきたんだよ。キャッキャッ。

つな遊び

つなは荷づくり用の麻ひも1.5ｍ。小粒のくぬぎどんぐりで作った小ざるのお腹に、接着剤をつけてひもにぶら下げます。ところどころに造花の葉っぱをくっつけて変化をもたせる。壁に飾るとかわいいですよ。

五猿でござーる

台は100円ショップで買ってきたつるの飾り。さる5匹をとまらせ、造花の木の葉っぱや小花をまわりにつけます。中央に飾ってあるのは、そてつの実。小さいので、押しピンでどこにでも飾れます。

つくりかた

材料▶頭はくぬぎ、胴は太めのまてばしい。皮をV字に切った耳、だ円形の手足。尾はモール。

1. 胴の先を切って頭をつける。頭のま横に耳をつける。裏側に接着剤を多めにつけてささえる。

2. 黄のマーカーで顔の部分を描く。上下の両側を少しふくらませぎみにする。

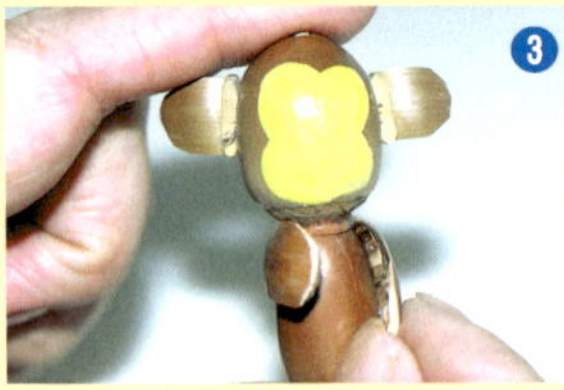

3. だ円形に切った手を、裏側に接着剤を多めにつけて固定。左右を上下につけてもよい。

4. 白、黒の順にマーカーで目を描く。写真を参考に、鼻と口をかわいく描く。

5. 尾は茶色のモール（三センチ）の片端を丸く曲げ、胴の下部に立てるようにとりつける。

さるの腰かけ

枯木を切って台を作り、大きなサルノコシカケをとりつけます。そこにごきげんな小ざるを並べ、茎の丈夫な大小のすずかけの実をぶら下げましょう。てっぺんにはそてつの実を立てます。

猿も木から落ちる

枝ぶりのよい三つ又の木を、丸太の切り株に立て、すずかけの実をところどころにつけて、猿をとまらせます。落っこちたさるは、仰向けに。横に渡したのは背高あわだち草の茎です。

2002 森のワールドカップ

コートも観客席も発泡スチロールです。コートは緑と茶で、観客席は段々にしてグレーのスプレーで着色します。小旗は紙と爪楊枝で作り、選手はユニホームをぬり分けましょう。ボールはくぬぎどんぐりを使いました。

夕焼け小焼け

後方にさしたのはなんきんはぜ。小ざるは顔を上向きにして、同じ方向に並べると、夕焼けを見ながら、みんなで家に帰っているように見えますよ。

きつね

まてばしいのとんがりどんぐりが、こんぎつねに化けちゃった！　目はつり目のきつね目。しっぽはフサフサねこじゃらし。みんな並べて、白いスプレーをかけると、アッという間に白ぎつね。北国に綿のような雪が降り積もると、ぼくらのかわいい足あとが、林の中に点々とつづいているはずだよ。

小春日

野原も岩も発泡スチロール。色はカラースプレーを吹きつけます。赤い木の実はなんきんはぜの実を赤いスプレーで染めて、台にさしました。きつねの目はつぶらせたり、横を向かせると表情が出ます。

白夜の北極きつね

台は発泡スチロールの箱のふた。雪の中に遊ぶ白ぎつねは、白のカラースプレーを吹きつけて、乾かしてから目、口、ヒゲを描きます。

つくりかた

材料▶長い太めのどんぐりを胴。頭にはとがって短めのもの。皮を切った手と耳を各２枚用意。

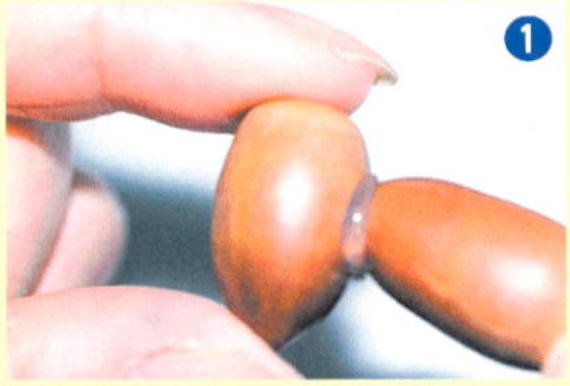

1. 長く太いどんぐりの先を少し切り落とし、切り口に接着剤を多めにつけ、頭を少し斜めにつける。

2. どんぐりの皮をV字形の耳の形に切り、両側にくっつける。接着剤を多めにつけてささえる。

3. どんぐりを縦四つ割りにして、丸くした手を、胴の上部両側にはりつける。

4. 白のマーカーで目を丸く描き、その中に黒目を。口はV字に。ヒゲも両側に描く。

きつねの嫁入り

中央の花嫁きつねは、ピンクの和紙でつのかくしをしています。お迎えきつねと、見送りきつねの群を、左右V字に並べます。雪の台も背景は白いままの発泡スチロール。家は背高あわだち草の茎で作ったログハウスです。

母さ〜ん！

たった２匹でも作品になります。発泡スチロールをちぎって雪のほこらを作り、２匹の大小きつねを向き合わせると、お母さんに甘えている子ぎつねに見えませんか。雪をかぶった木は、かすみそうに白のスプレーをかけました。

雪晴れ

台は発泡スチロールをカッターで丸く切り、木の枝をさし、白いスプレーを吹きつけて雪の風景にします。きつねは、大・中・小と作ると、親と子、きょうだいに見えます。

北の国から

台は発泡スチロールの箱をひっくり返し、雪をかぶった樹氷は、糸杉や枯枝を台にさして、白いスプレーを吹きつけます。雪だまりにかわいいきつねを置いて、グレーのマーカーで、八の字の足あとをつけましょう。

たぬき

ぼくら、くまさんに似ているけど、本当はいぬのおなかま。足が短く、お腹が白く丸いこと、フサフサしっぽが特徴だよ。「ぶんぶく茶がま」や「カチカチ山」の話、証城寺のお庭に、ぼくらが大勢集まって歌を歌うのはみんな知ってるよね。月の明るい夜におどったり、歌ったりするのがだいすき！　ポンポコポン！

つくりかた

材料▶頭は大型のくぬぎ、胴は太いまてばしい。V字形の耳と手各二枚鼻は細いまてばしいの先。

1 胴と頭を接着し、白のマーカーで胴に丸く腹を描き、その中心にへその×印を描く。

2 腹の下部にまてばしいのポリープ（未熟な実）をつけて、おチンチンにする。

3 頭の左右に耳をつけ、胴の上部に手をつける。裏側から多めの接着剤で支える。

4 白目を描いたなかに黒目をいれ、鼻のポッポツ、その両側にヒゲをピンと描く。

デキシーランドジャズ

舞台は、ピンクと紫のスプレーでダブルトーンに染めた発泡スチロール。たぬきが演奏している楽器は、右から笛、バイオリン、まてばしいのヘタで作ったトランペット、まてばしいの下部を使ったドラム。スティックはめん棒です。

たぬき囃子

杉の切り株にたぬきをたくさん並べ、後方は緑に着色した松ぼっくりの樹を２本。和尚さんはくぬぎのどんぐりで作り、はかまをはいたようにぬり分けます。たいこはまてばしいの下部で。

月が出た出た月が出た

月が出た出た月が出たァよいよい

台や背景は加工のしやすい発泡スチロールを使っています。おはやしのやぐらは背高あわだち草の茎で作り、幕をはります。そのやぐらを中心に、円陣を作ったたぬきを並べ、盆踊りの雰囲気に。やぐらの上にも、おはやしを３匹。

俺ら狸の三兄弟

台は花台を再利用。後ろに松ぼっくりを立て、ふくろうをとまらせました。たぬきには、右からとっくり、通帳、ふうせんかずらのちょうちんを持たせました。たぬきが背に背負っている笠は、くぬぎのヘタです。

俺ら狸の三兄弟
酒

たんたん狸

後方の草はビニールの造花です。大きめに作ったたぬきと、小さ目のたぬきを並べるだけで、巣穴の近くでひなたぼっこしている、のどかな親子にみえるでしょう？

いのしし

〝猪突猛進〟っていうことばを知っている？ とつげきするみたいに走るのがぼくら、いのししの得意技だけど、谷底に落ちるドジなやつはいないよ。ふだん、山奥で暮らしているぼくらは、ぶたさんの祖先。小さいころはしまうりに似ているから、うり坊とも呼ばれているんだ。

つくりかた

材料▶胴は太めのまてばしい。口はしいの実のヘタ。皮を細く切ったきばを2枚、尾は茶のモール。

1 どんぐりのとがった方に、しいの実の小さなヘタを少し上向きにつけて鼻にする。

2 尾は茶のモール（三センチ）の片端を丸く巻き、どんぐりの下部に立てるようにつける。

3 背中にしまの斑点を黒、または白で描き、白目、黒目の順にマーカーで目を入れる。

4 細く切ったきばを、鼻のつけ根の両端に八の字につける。しばらく指でおさえておく。

猪豚の川中島

製材所でもらってきた厚板が台。クラフト店で買ってきた野菜を中央に置き、右にいのしし軍を上向きにつけます。いのししに白とピンクのスプレーをかけると白ぶたに。これを左に並べ、野菜をめぐる猪と豚の戦いです。

俺らは猪突する

台は公園で拾ってきた曲がった木をよく洗って乾かします。安定よく置いた上に、同じ方向にいのししを並べます。左の飾りは小型の松ぼっくりと、アメリカふうの実です。

いつも母さんのそば

淡いブルーの台の後方の草むらは、ガーデニング用の造花。ピンクの小花もビニール造花。胴も頭も、ずんぐりして太めのまてばしいを使うとかわいくなります。お母さんを中心に、うり坊たちを配置します。

猪突猛進

ドドドドッドーッ。ぼくらは走りだしたら止まらない！　ずんぐりしたいのししを15匹、鼻を上げぎみに作り、同じ方向に、くっつけて並べると、大勢で走っているように見えます。

山の水場

淡いブルーの発泡スチロールの生地をそのまま生かして池に。まわりにグレーのスプレーをかけました。いのししに手（長）足（短）をつけ、頭の端にV字形に切った耳をつけます。頭を下向きにつけると水を飲んでいる姿勢になりますよ。

くま

ぼくはどんぐり山から下りてきたくまさん。好物の山のどんぐりが不作だと、食べ物を求めて里へ下りてくるのできらわれてしまう。でも、冬眠前にはお腹いっぱい食べて、冬を乗り切らなくちゃいけないんだ。北国にいるひぐまさんは、川を上ってくるさけがごちそう。うらやましいなあ。

つくりかた

材料▶太めの胴、丸い頭各1個。皮を切った手と耳各2枚。とがったどんぐりの先の部分1個が鼻。

1. 太くて長いどんぐりの先を少し切った胴に、丸いくぬぎどんぐりの頭をつける。

2. 縦四つ切りにしたどんぐりの皮で手と耳を作り、胴に手を、頭の両端に耳をつける。

3. とがったどんぐりの先に、接着剤を中に押し出して、顔のやや下部に鼻をくっつける。

4. 白目と黒目、ヒゲ、鼻のポツポツをマーカーで描き入れてできあがり。

お山の聖夜

白木の台に、くま形のろうそく立てを置き、まわりに3頭ずつくまを並べます。ろうそくの前には、すずかけの実をひとつ。あかりをつけると、みんながそれを見上げて、楽しいクリスマスの飾りになります。

冬じたく

丸太の台に松ぼっくりを立て、くまは黒くぬって、まてばしいの魚を持たせました。

7ベア・ダンシングチーム

胴は太く長め、頭は丸いくぬぎのどんぐり。手はどんぐりの未熟実です。首に赤とブルーのリボンで蝶ネクタイを結んで並ばせました。スポットライトはまてばしいのヘタです。かかっている曲はロックンロールかな？

さけがのぼってくる頃

台の上にまてばしいの下の部分をびっしり並べ、くまとの違いを引き立てるために茶と黄緑で色をつけました。つり竿でくまが紅ざけを釣って、冬眠前の腹ごしらえをしようとしている北国の風景です。

雪山のどこかに

発泡スチロールの白を生かして、舞台を作りました。枯枝と造花の草に、白いスプレーをかけて雪景色に。くまは大小、差をつけて作り、バランスよく位置をきめたら、グレーのマーカーで、足あとを描きましょう。

ライオン

おれさまはちびっこレオ。たてがみフサフサの百獣の王さ。えものをねらうときはするどい目つきでりりしいが、たらふく食べたあとは、群の仲間と大あくびしてお昼寝だ。こんなときのおれさまは、こわがらなくてもいいんだよ。たてがみのないのはめすと、かわいい子ライオン。サバンナには気持ちのいい風が吹いています。

サバンナのペア

長めの胴と丸い頭はどちらもくぬぎのどんぐり。手はどんぐりのポリープ（未熟な実）。えものをねらっている台は、細い木を長短に切って、寄せ木にします。体は前を向いていても、目は絶えず左右のえものをにらんで、横向きに描きます。

つくりかた

材料▶丸いくぬぎ、太めのどんぐり各1個。手、足、耳各2枚。たてがみと尾にくぬぎのヘタ2個分。

1. 胴と頭をくっつけたら、くぬぎのヘタを少しずつ切って、たてがみのようにはりつける。

2. 耳は丸みをつけてV字型に切ったどんぐりの皮を、頭の両端に接着剤で埋め込むようにつける。

3. 皮を、手は長め、足は短めに切ってつけ、形が落ち着くまでしばらく指でおさえる。

4. 黄のマーカーで目をつりあがり気味に描き、マーカーで黒目を入れ、口とヒゲも描く。

5. 尾はくぬぎのヘタを細く切る。強そうなのは上げて、弱そうなのは下げぎみにつける。

セレンゲティの午後

左右に木の実を飾り、おすとめすのライオンを並べ、のどかな休憩のふんいきに。縄張りの台は、拾った木に濃緑と黄のカラースプレーで色をつけました。材料の木をそのまま使うと、より素朴な感じになります。

サバンナの木陰

草原は発泡スチロールを切って３段に重ね、濃緑、黄緑、ブルーのカラースプレーを吹きつけます。木は100円ショップの造花をさします。ライオンは立っていたり、胴を横にして手足をつけ、寝そべっていたり……。

のどかにお昼寝

台は流木の皮。右の木はそてつの雄花。ところどころに生えているのは工作用の苔です。このライオンも、見張りは立ち姿、手前の４匹は胴を横にして寝そべっています。右に１匹のりすがようすをうかがっていますよ。

ゾウ

わたしたち、母さんゾウをリーダーに、家族が守りあい、一日中移動して草や木の葉を食べてるの。でっかい体だもん、たくさん食べなくちゃね。ゾウといえば、長い鼻と耳とキバがとくちょう。ぼくらのキバは五歳くらいから生えはじめるんだ。でもね、アフリカのゾウは、おす・めすともキバがあるんだけど、アジアのゾウは、おすにはあっても、めすは口の中にあって見えないんだ。知ってた？　大きい耳も、四十度を越す暑い草原では、体温を下げる大切なうちわの役目をする。うまくできてるんだよ。

お水たーんと飲みなさい

台の中央に穴をあけ、ブルーのビニールをはって水場にしました。まわりでゾウの次に水を飲もうとようすを見ているのはたぬきときつねです。あれ？　ゾウの住んでいるところに、たぬきやきつねはいませんでしたっけね。このゾウの耳は、さるのこしかけでつくりました。

お母さんと一緒

小さなだ円形の台に、造花の草を生やしたサバンナ。そこに、大小のゾウを並べたら、やさしいお母さんゾウにくっついている子ゾウの情景になりました。

つくりかた

材料▶胴と頭はくぬぎ。手足、鼻は細いまてばしい。耳はくぬぎの皮かさるのこしかけ。鼻先はしいのヘタ。

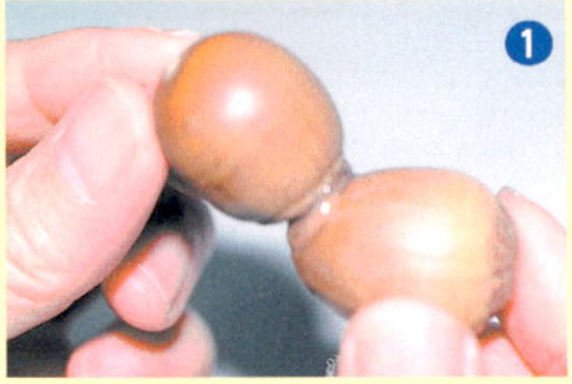

1. 胴の先に接着剤を多めにつけ、頭をややや上げぎみに、斜めに固定する。

2. 細いまてばしいの先を斜めに切り落とし、手足を少し開きぎみにつける。

3. 鼻も細いまてばしい。顔の中央にまっすぐにつけ、鼻先にしいのヘタをつける。

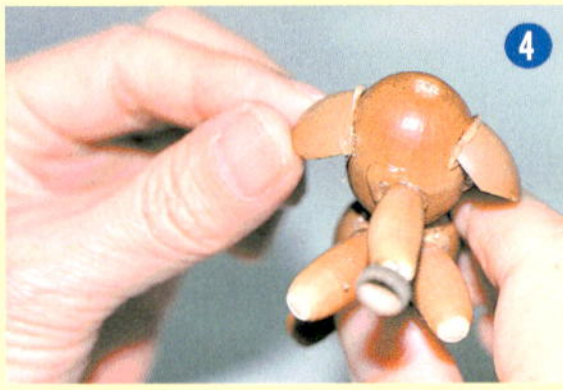

4. くぬぎの皮を角の丸い三角形に切ったものか、さるのこしかけを、顔の両側につけて耳に。

5. くぬぎの皮を細く切ったしっぽをつける。他の例にならって、白目と黒目を描く。

象さまのお通りだぞう～

発泡スチロールの箱のふたを着色して草原に、枯枝とビニール造花で林をつくります。大きいゾウ（くぬぎの皮を切って白くぬったキバをつけて）と中型、小型のゾウを同じ方向に並べると、移動中のファミリーに。

発泡スチロールを着色してつくった草原と、遠くのお山のかざり台に、ビニールの造花で緑の木々や草をうえました。大、中、小のゾウさんを、思い思いの向きに並べると、サバンナで休んでいるゾウさんの群れになります。

サバンナの風

パンダ

みんな、動くぬいぐるみみたいでかわいい、かわいいっていってくれるけど、ぼくらパンダは〝大熊猫〟っていうくまの仲間なんだぞー! 中国・四川省の山奥がふるさとさ。ぼくらの体のどこが白い毛で、どことどこが黒い毛なのか、ちゃーんと知ってるかい?

つくりかた

材料▶頭は丸いくぬぎ、胴は太めのまてばしいのどんぐり。皮を切った手足、V字型の耳が各2枚。

1 胴のどんぐりの先を、少し斜めにはさみで切り落とし、切り口に接着剤をつける。

2 丸い頭を少し斜めにしてつけ、固定します。立ち姿の時はまっすぐにつける。

3 黒くぬった手(長いほう)、足(短いほう)を胴につけ、耳も頭の両側につけ、黒くぬる。

4 頭と胴は白く塗り、目は黒でタレ目に描き、白と黒目を入れ、鼻と口を写真のように描く。

5 台につけるときは、手足の先、またはお腹の下の部分に接着剤をつけ、固定する。

竹籟

だ円形にカットした発泡スチロールの台を、黄と緑のカラースプレーで2色に染めます。まてばしいのどんぐりを、黒と緑でたけのこに描きます。おもちゃにしている丸太は、背高あわだち草の茎。太い手足は細いまてばしいの下の部分。

おしくらまんじゅう

青竹を切って削っただけの素朴な壁掛けのふしのところに、親子、兄弟のパンダをぎゅうぎゅうづめに置き、はみ出した一頭は太い枝にとまらせました。なんだか、絵を飾ったような楽しい雰囲気がでましたね。

筍が立ったよ

お祝いにいただいた花束のかごをとっておいて、利用しました。かごの周りに、パンダを、たけのこをかかえたパンダも並べてつけます。かごの側面には、どんぐりの皮を緑のマーカーでぬってささの形に切ったものをはりつけます。

ふるさとは竹の林

素朴な竹筒の花さしには、パンダがよく似合います。切り残した竹の枝にもパンダを置くと、なんでもない壁がとても楽しくなります。竹とパンダは相性がいいんですね。この花さしに活ける花は、やはり野の花がよく合うのです。

深山竹林

ずっしりとした切り株は、公園の枝おろしでもらってきたもの。よく洗って乾かしてから、パンダと、たけのこと、どんぐりの皮で作ったささの葉をつけました。切り落とした枝の出っぱりが、パンダのかっこうの腰かけです。

竹林の昼さがり

これも手製の竹の花筒と花台です。花台の左右には、パンダを座らせるスペースをあけておき、ここにパンダが遊んでいるようにすえました。その横にはパンダの好きなたけのこをまてばしいのどんぐりで作って立てます。

はりねずみ

ぼくは日本にはいないけど、とげのよろいを着たはりねずみ。敵におそわれそうになったら、体をまるめ、とげを立てて身を守るんだ。でも、どんぐり細工のぼくの針は野ぐるみの実かやしゃぶしの実。だから、さわってもだいじょうぶ。よい子の手をさしたりはしないからね。

はりねずみの針供養

小さな台の中央に紙粘土で作った鉢を置き、抜けた野ぐるみの針をさします。あれ？　毛が抜けた１匹がダウンしているよ！はやく良くなるようにみんなでお祈りしましょう。

Uターンしちゃお

針ねずみはつながって移動する習性があるの。おっとっと、たぬきさんがいるので、Uターンしちゃお……あれ？　輪っかになっちゃった。尾は麻ひも、手はまてばしいのポリープ（未熟実）です。それ、エッチラ、オッチラ。

つくりかた

材料▶胴は野ぐるみの実。トゲトゲした針の抜けていないものを。頭はとがったどんぐりの先端部分。

1. 野ぐるみについている枝を花ばさみで切り、たいらにする。まわりの針を傷つけないように。

2. 頭は、まてばしいのどんぐりの先端を一センチくらい切り、少し斜めに接着する。

3. マーカーで白目を描き、十分に乾いてから黒目を入れる。

皆で渡れば怖くない

みもざの造花、そてつの実、しいのヘタ、ヒマラヤ杉の実などでアクセントをつけた二股の木を、はりねずみが一列になって行進しています。みんなで渡ればこわくないけど、どこへ行くことになるんだろう？

輪になって踊ろう

野ぐるみは形がみんな違うので、違いを生かして作ります。中央に造花を飾り、まわりを取り囲むように配置します。

老後の針ねずみ

まばらに毛の抜けた野ぐるみに頭をつけると、年をとった針ねずみになります。100円ショップのミニチュアの椅子に座らせ、細い枝の杖を持たせて……

かめ

みんな、なんでそうセカセカと急いでいるんだろう？のんびりやっても、たいして違いはないと思うよ。どんぐり林からやってきた「どんがめ」のぼくのようにね。でも、だれかにふみつぶされたりしないよう、気をつけなくちゃ。ノソリ、ノソリ！

もしもし亀よ亀さんよ

台は瓶のふたのまわりに、切ったまてばしいの下の部分を放射状にくっつけました。その上を緑のかめが4匹ぐるぐる回っています。せまい本棚や窓ぎわに飾るには、こういう小さい作品のほうが適しています。でも目をまわさないでね。

日向ぼっこ

甲羅も頭も緑色のぜにがめです。台は近くの海岸で拾ってきたかきの殻。潮がついているといけないので、よく真水で洗って乾かし、2枚をつなぎます。まっ白のかきの殻に、緑のかめはよく映えます。暖かい陽に気持ちのよい甲羅干しだね。

つくりかた

材料▶くぬぎの太いどんぐり2分の1個、頭はコーヒー豆1粒。尾はくぬぎのヘタ、手足はポリープ4つ。

1. 胴はくぬぎのどんぐりの半分割り。ヘタに接着剤をつけ、頭のコーヒー豆を上向きにつける。

2. 尾はくぬぎのヘタを八つ割りにして、多めに接着剤を押し出してつけ、平らにおさえる。

3. 黄色のマーカーで、こうらの亀甲模様を描く。白目と黒目をマーカーで描く。

4. 最後にまてばしいのポリープ（未熟な実）の手足を、安定よく四つつける。

なぎの海では

台は発泡スチロールの箱をひっくり返し、カラースプレーの薄紫とライトブルーで色づけしました。かめは大小を作り、親がめの背中に子がめ、その上に孫がめをのせて……。海辺の楽しいひと時です。

ゆ〜ったり

海辺になる台は、発泡スチロールをカッターで波形にきり、ブルーのカラースプレーをところどころグラデーションにして吹きつけました。たこが1匹見物しています。こういう遊びをちょっと加えると、楽しさが増しますね。

親がめこけたら……

かめっておしくらまんじゅうのように重なってもがいているのをよく見かけますね。でも、こけても、かめは平気みたい。かきの殻の飾りはやはり海辺で拾った貝殻です。

のんびり行こうよ

うさぎとかめの物語です。マイペースで進むかめさんを、からかいながら、眺めているうさぎさん。みなさんはこの物語の結末、ごぞんじですよね。

いぬ

ぼくたちいぬの仲間は、大きいの、小っちゃいの、顔の長いの、丸いの、毛の長いのや毛のないのと、その種類は四〇〇をこえるといわれるほど。人間とは一万年も前から仲よく暮らしてきたんだ。みんなから愛され、いっぱい人のお手伝いもしてね。くぬぎ林生まれのワンちゃんのぼくも、みんなの心をなごませられたら、うれしいな。

戌のとし

長いだ円形の発泡スチロール２枚を着色し、前後にずらして２段に接着して台にします。左右の梅は、菓子折りについていた造花を利用しました。いぬの手足はお行儀よくそろえ、上段と下段に並べて、新年のご挨拶。

ホットドッグ

たき火であたたまったドッグくん。すなわち……ホットドッグ？　たき木は木の枝。灯は化繊のわたに赤いスプレーを吹きつけます。いぬはどんぐりの地のままでもかわいいし、好みの色をぬっても楽しいよ。

つくりかた

材料 ▶ 頭も胴も太くて長めのくぬぎ。だ円形の耳、手各２枚、尾はくぬぎのヘタを切ったもの。

1 胴の先を少し切って、頭をつける。バランスに注意。頭の上げ下げは自由に。

2 耳は頭の後ろよりに。左右をくっつけすぎず、二〜三ミリあけるとよい。

3 胴に手をつける。向きや角度、広げ方などを少し変えると、かわいい動きがでます。

4 尾はくぬぎのヘタを細く切ったもの。平行につけるか、少し下げぎみにつける。

5 白いいぬにする場合は、スプレーを吹きつけ、よく乾かしてから目や模様を描く。

みんな違っているけどみんな仲よし

発泡スチロールの箱のふたに、黄と濃緑のスプレーを吹きつけて野原のふんいきに。たくさんのいぬを作って白いスプレーと黒のマーカーで着色します。何列にも並んでせいぞろいしたワンちゃん、何びきいるかな？　答えは、101匹のダルメシアンでした。

犬も歩けば棒に当る。

舞台の中央にある木の棒に、１匹のいぬがぶつかって目を回しています。それを見て笑っているいぬは、目の前の穴に気づいていません！　ゆだんたいてき。みんなもご用心！

お手！

いぬは少し手を上げて、台の曲線にそって並べます。その後方に、ビニールの造花の花をさしました。手前に置いている茶わんはまてばしいのヘタ。「お手！」がうまくそろったら、いただきまーす。

うし

私たちのこと、間のびした顔だなんて笑っていない？ それもそのはず。牧場で日がな草を食べ、気持ちよく寝そべっていると、のんびりしちゃうのよ。そんなのどかな私たちだけど、おすにもめすにも、みんな角があって、お乳をしぼったりするとき、けがをさせてはいけないので切りとられるの。角なんかないほうが、けんかもしないし、平和ですものね。

おいしいひととき

背景の並木は、なんきんはぜの実をさしました。親うしは、おいしい草をお腹いっぱいに食べ、私たち赤ちゃんうしはおっぱいをたくさん飲んで、もーう、眠たくなってきちゃったよ〜。

つくりかた

材料 ▶太めのどんぐりで胴、丸いくぬぎで頭。手、足、耳、角各2枚、鼻はまてばしいのヘタ。

1. 太いどんぐりの先を斜めに少し切り、接着剤を多めにつけて、丸いどんぐりを上向きにつける。

2. 長めのだ円形に切った手を胴につけ、短いほうの足は胴にそわせてつけ、たこ糸でしっぽを。

3. 横向きに座った形にして、顔の正面を決め、頭の両端に耳をつける。

4. ホルスタインにするときは、形が完成してから白のカラースプレーを全体にかける。

5. 完全に乾いてから、黒のマーカーで目や口、斑点を描く。角をつけるときは最後に。

牧場の朝

黄緑と黄のカラースプレーを淡く吹きつけ、朝日のあたった草原を表現しました。牧舎と柵、積み上げたまきは、背高あわだち草の茎で作ります。後ろの並木は糸杉を緑にぬりました。

超、気持ちいい

草原は発泡スチロールに黄緑とクリーム色で２色に。小枝をさし、造花の草を後ろにつけ、手前右に１００円ショップで買った造花の小花をさしました。細く閉じたように目を描くと、牛さんは気持ちよーくお昼寝に入ります。

つくりかた

材料▶胴は太いまてばしい。頭はくぬぎ。手は長いだ円形２枚。鼻はしいのヘタ。尾はたこ糸。

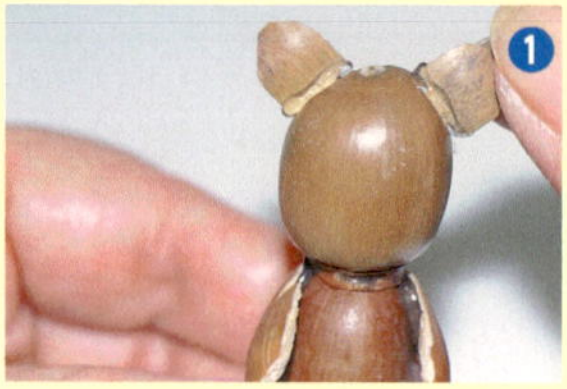

❶ 胴の先を少し切って頭をつけ、両手と耳をつける。顔の正面を意識してズレないように。

❷ しいのヘタの鼻をつける。接着剤は控えめにして、少し下向きかげんにつける。

❸ 尾はたこ糸をひと結びしたもの。胴の後ろの下部に、立てるようにつける。

❹ 形ができあがったら、うすく、数回に分けて白とピンクのスプレーをかける。

❺ すっかり乾いてから、両目をパッチリ描く。鼻の中にも黒い点を三つつけて穴に。

ぶた

みんな、私たちのことをふとっちょの代表のようにいうけど、それ、人間の家畜として、改良されてきたからなんだ。ちょっとかなしいなあ。白ぶた、黒ぶた、茶色のいのぶたといろいろだけど、私たちみんな子だくさん家族。一回に二十頭近くもお産をする仲間もいるわ。それにこう見えて、私たち清潔好き。土の中に埋まっている三大珍味、トリュフというきのこ掘りの名人もいるのよ。

猿を柙中に置けば豚と同じ

さる３匹に背高あわだち草の茎で作ったおりをかぶせ、そこから１匹をのぞかせる。ぶたは手足をつけて白と淡いピンクに染めて並べます。後方の並木は緑色に着色した糸杉の先。豚は、とてもかしこいのよ。ブーッ！

おっぱいの時間ですよ～

親の白ぶたはなるべく大きなどんぐりで作り、お腹にポリープを３粒つけておっぱいに。子ぶたは小さいどんぐりで作り、ピンクで色づけをして、おっぱいに向けて並べます。後方の草とお花は、造花を使います。

子ぶたのトリオ

ぶたは顔を白、服は好みの色でぬり、頭にどんぐりの先端で作ったとんがり帽子をかぶせます。丸太の切れ端の台のまわりを、木の枝で柵のように囲み、その先にまてばしいのヘタをつけます。ちょっとした工夫が効果的ですよ。

冬眠中

『冬眠中』の掛札は100円ショップで買ってきたもの。その上に、くぬぎのどんぐりで作ったぶた（生地のまま）をずらりと並べます。寝室の入口にかけておいたりすると、見た人におもわずクスリと笑みがこぼれます。

うさぎ

私たち、くぬぎ林に住んでいるうさちゃん。北国のなかまには、冬に茶色から白に変わるものもいるわ。たかやきつねにねらわれないよう、雪の野山では白い毛のほうが安全なのよ。満月になると、私たちがおもちをついているってお話、知ってるよね。月とうさぎのお話は世界じゅうにあるのよ。ペッタンペッタン、聞こえるかな?

つくりかた

材料▶頭はくぬぎ、胴は太めのまてばしい。だ円形の手が2枚。耳は松ぼっくりの鱗片を2枚。

1. 先端を少し切った胴に、丸い頭をつける。松ぼっくりの鱗片を丸く切って耳に。

2. 胴の上のほうに手をつける。位置や角度、開きぐあいで動きに工夫を。

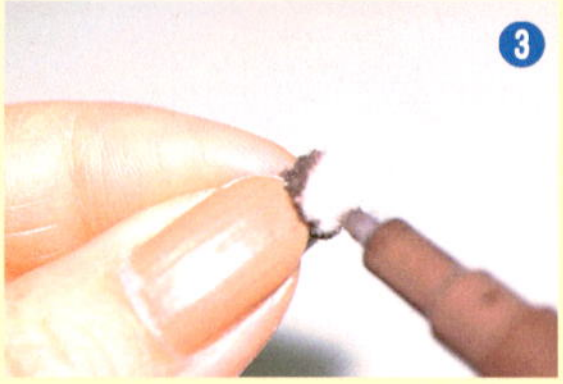

3. 丸いしっぽは、まてばしいのポリープ。白いうさぎは、コットンを丸めてしっぽにする。

4. 丸いしっぽをバランスよく、下がりすぎにならないほうが、かわいく見えます。

5. 白目を描き、よく乾いてから黒目を入れる。鼻や口、ヒゲも黒で細く描く。

かごめかごめ

一匹を囲むように並べると、みんなで遊んでいるようにみえるでしょう。うさちゃんだって、「かごめかごめ」をして遊ぶのはたのしいよね。

うさぎの七福神

台には木の枝を使いました。まわりの飾りにはそてつや松ぼっくりなど、シンプルに仕上げるほうがよいでしょう。白い7匹のうさぎには、福の字のシールをはりました。

仲秋

発泡スチロールを大中小の六角形に加工し、階段状に重ね、黄、グレー、紺の三色に塗り分けます。まわりにはたぬきを配置しました。おもちのおすそ分けを待っているのかな？

三日月さま

発泡スチロールを三日月形に切り、黄色いスプレーをかけて、ところどころに星のシールをはりつけます。うすときねは、まてばしいです。裏に掛け金をつけると、壁かけになりますよ。

雪うさぎ

全体を白で統一しました。平たんな印象にならないように、舞台に段差をつけたり、まわりに飾った樹の高さをちがえて、変化をつけていきます。すべて白いのもきれいなものです。

うましか トナカイ

どんぐり細工のうまのぼくは、白いスプレーをかけ、黒いしまを描けばしまうまに変身。たてがみをつけず、白く丸いコットンの尾をつけて、背中に斑点を入れると、しかに。たてがみのかわりに、小枝の股で作った角をつけてやるとトナカイに変わるんだ。すごいでしょ。

しまうまのティータイム

馬に白いカラースプレーを吹きつけ、よく乾燥させ、動物図鑑などを参考に黒のマーカーで特有のしま模様を描きます。乾燥は半日から１日かけて十分に。舞台の池には色ガラスをはり、造花で草原のふんいきに。

うまの耳に念仏

流木の杉の皮の台に、そっぽを向いたうまを配置します。小僧さんはくぬぎのどんぐりで作り、ビーズの数珠と綿棒の木魚たたきを持たせます。木魚は赤い皮をむいたそてつの実に、黒いマーカーで口を描きます。

つくりかた（うま）

材料▶まてばしい二個。殻を割った長めの前脚、短い後脚、三角形の耳。くぬぎのヘタでたてがみを。

❶ 胴にするどんぐりの先端を少し切って、頭のどんぐりを斜め、またはまっすぐにつける。

❷ くぬぎのヘタを短く切ったたてがみを、曲線にそって、後頭部につける。

❸ たてがみの両側に、耳をやや前向きにつけ、前脚と、後脚をはりつける。

❹ くぬぎのヘタを中心から放射状に切ると、毛並みがととのって尾の感じがでる。

❺ 白目が乾いてから、黒目を入れ、同じ黒で口とヒゲもチョンチョンと描く。

草原の風

うまを基本にして、細いどんぐりを切って頭と胴の間にとりつけ、首を作ります。四肢は他の動物を参考に作り、たてがみはつけず、尾はコットンを丸めてつけます。白のマーカーで斑点を描くと小じかになります。さわやかな草原の舞台に並べましょう。

芽生え

手のひらサイズの小さな台に、子じか2匹でもかわいい作品になります。大きさに変化をつけ、黒目の表情を工夫すると、おすとめすの子じかのふんいきを出すことができます。

ホワイトクリスマス

白い発泡スチロールをベースにして、背高あわだち草の茎で作った教会、小枝や糸杉に白のスプレーで着色して雪のつもった情景を演出します。くぬぎどんぐりのサンタさんとトナカイ（二股の枝で角をつける）を配置し、そりはどんぐりを二つに割って。

ちょう

まてばしいのどんぐりに、秋の木の葉がくっついて、きれいなちょうちょになりました。いちょうの葉っぱは紋白ちょう、なんきんはぜは赤いちょう、桜紅葉はカラフルなちょう。庭木やお花にとまってる、ほんとのちょうちょと思うほど。風が吹くたびヒラヒラヒラ。

花ぐもり

いただきものの花かごに花をいけ、色とりどりのちょうをとまらせました。黒の代わりに銀のマーカーで紋を描くと、ぐんとひきたって見えます。100円ショップに売っているかごを使っても楽しいですよ。

つくりかた

材料▶細めの長いどんぐりで胴を。同じ大きさのとがったほうで頭を作り、羽はいちょうの葉2枚で。

1. 頭になるほうの皮の内側に多めに接着剤をつけ、胴になるどんぐりを斜めにぎゅっとさし込む。

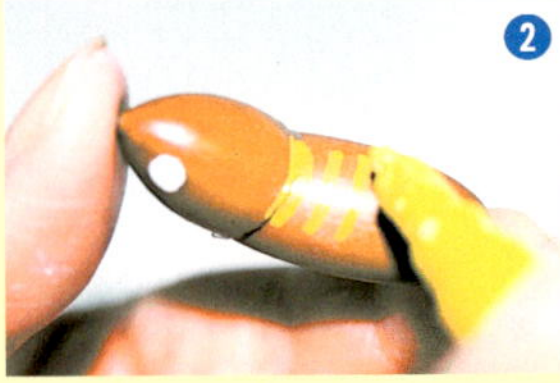

2. マーカーで白目を入れ、黒目も描く。胴の背中に黄色い横の線を六〜七本描く。

3. 造花用の針金をくるっと曲げて触角を作り、頭の先にチョンとつける。

4. いちょうの葉の丸みにそって、丸い紋を五つ六つ黒で入れ、茎をまっ横に切り落とす。

5. 切った端に接着剤を細くつけ、胴の両側にやや上向きに、羽ばたいているようにつける。

甘ーい菜種風

台の木の枝は、台風のあとに公園で拾っておいたものです。よく洗って乾かし、中央に造花の菜の花を取りつけ、まわりにはちょうをとまらせます。ちょうの羽根は紅葉した桜の葉を押し花にして使いました。小さい花は造花を切り取ってつけました。

花に休む

一番見ばえのするいちょうの葉で作った黄色いちょうです。ガーデニング用のフラワーボックスの花鉢に、ちょうをいっぱいくっつけてみました。まるで花までが匂いたつようですね。

花守り

ちょっとメルヘンチックなちょうの精。長いどんぐりの胴に丸いどんぐりの頭をつけ、白いスプレーを吹きつけます。とがったどんぐりで４色の帽子をかぶせ、いちょうの葉で羽根をつけ、木製の手さげにとまらせます。

てんとうむし ほたる

ぼくらは、半球形の胴に、赤や黒のハデな水玉もようの服を着たかわいいてんとうむし。大好物は草花につくアブラムシなのさ。さわると黄色い液をピュッとかけちゃうよ！

けれど、どんぐりでつくったてんとうむしのぼくなら、黒のエンビ服に着がえると、あらふしぎ、ほたるになっちゃった。ほたるの好きな食べ物は清流に住むカワニナ。どっちも、見た目より、気がつよいんだね。

散歩日和

木の葉型の台に、それぞれ服の色の違ったてんとうむしが３匹、日なたぼっこをしています。ところどころに光っている露の玉は、切れてしまったネックレスのビーズです。３匹はいったい、何を話しているのでしょうね。

つくりかた

材料▶胴は太いまてばしいの半割り。手足はまてばしいのポリープ４つ。頭はコーヒー豆。

1 コーヒー豆をまてばしいのヘタのほうに、やや上向きにつけて、頭にします。

2 黄や赤（ほたるは黒）で、先に胴をぬって乾くまで待つ。五～六分で乾く。

3 乾いてから、好みの色で水玉もよう（ほたるは細く白い羽根のもよう）を入れる。

4 コーヒー豆の頭に、白目を描き、乾いたら黒目を入れる。ほたるは頭も黒くぬる。

5 胴の前後、左右にまてばしいのポリープを四つつけて、かわいい手足に。

サンバを踊ろう

すこし曲がった枯枝の左右に、信号機のようにまてばしいのヘタを立てました。てんとうむしは赤と黄のペアを向かい合わせると、サンバを踊っているようになり、同じ向きに並べると、みんなで行進しているように見えますよ。

清流に光る

小さい切り株に枯枝をつけた台に、ほたるをとまらせました。ほたるはてんとうむしと色のぬりかたがちがうだけですが、黄色くそめたコットン玉を、おしりにくっつけると、清流の近くでピカピカと光っているほたるになります。

たこ

ぼくらたこ軍団のことを、いかのやつらが「大口でとぼけた顔してる」というからさ、すみを吹っかけてやったら、向こうも負けずに吹きかけて逃げていってしまったよ。大きな魚にねらわれないように、ぼくらはいつも岩かげにかくれたり、擬態をして暮らしているんだ。

つくりかた

材料▶頭は丸いくぬぎのどんぐり。口はしいの実のヘタ。足はくぬぎのヘタを4分の1に切ったものを2つ。

❶ しいのヘタを平らに切り、接着剤が切り口からはみ出さないようにつける。

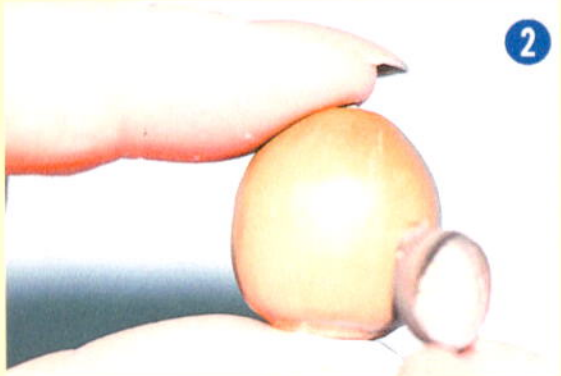

❷ 丸い形のくぬぎのどんぐりの、すべすべした面のやや中央より下に、しいのヘタをつけて口にする。

❸ 四つ割りにしたくぬぎのヘタを平らに切って、接着剤を多めにつけ、どんぐりのヘタ側につける。

❹ 口の両上端に白目を描き、乾いてから黒目を入れる。少し横目にするとかわいい。

遠くへ行っちゃだめだよ

たこは大小いたほうが、家族のように見えて面白い。海の岩場は、発泡スチロールの箱をひっくり返したもの。岩をくっつけ、カラースプレーのブルーをぼかしながら吹きつけます。白くぬった小枝をさして、たこつぼはゆうかりの実です。

多子の家族

5匹のたこが休んでいる岩場は、海で拾ってきた白い貝殻。真水で洗って潮をおとさないと、接着剤のつきがよくありません。このような材料の質感を生かしたものは、素朴などんぐりととても相性がいいですね。

たこファミリーといか様一族

いかは56ページを参照。海は発泡スチロールの箱をひっくり返し、ライトブルーのスプレーを淡く吹きつけます。岩は発泡スチロールを手でちぎると感じがでます。ところどころに貝殻を飾り、アクセントをつけます。

宝塚海組ラインダンス

たこは大きかったり、小さかったり。目も横を向いたりへの字の目で笑ったり、揃わないほうが自然でユーモラス。台はくの字に曲がった桜の枯木です。スポットライトがわりに、海で拾ってきた小さな貝柱をいっぱいくっつけました。

いか

どんぐりがいかになったら、これ、いかさま？ この意味わかる？ ぼくたち、水のジェットふんしゃでスイーッと泳ぐの、かっこいいでしょ！ かにや魚に食べられないように、みんな集まって、警戒しながら、波にまかせてゆーらゆら。

つくりかた

材料▶まてばしいの細長いのが胴。やや太めの先のとがったところが頭。足はくぬぎのヘタの四つ割り。

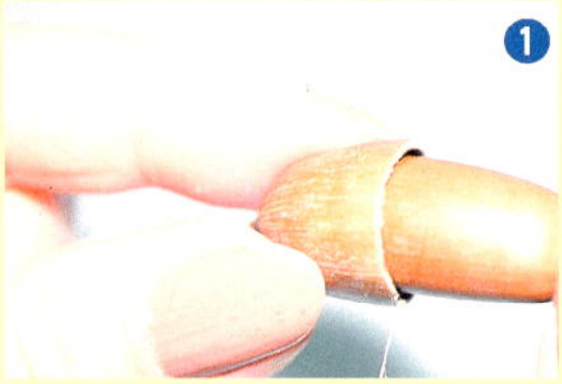

❶ 頭はまてばしいの太めのどんぐり。はさみで切って、中に接着剤を絞り入れて胴を押し入れる。

❷ くぬぎのヘタを四つ割りにして作ったいかの足を、まっすぐに胴の下にくっつける。

❸ 白いマーカーで、足のすぐ上に少し離して目を入れる。目が離れたほうがのんびりしてかわいい。

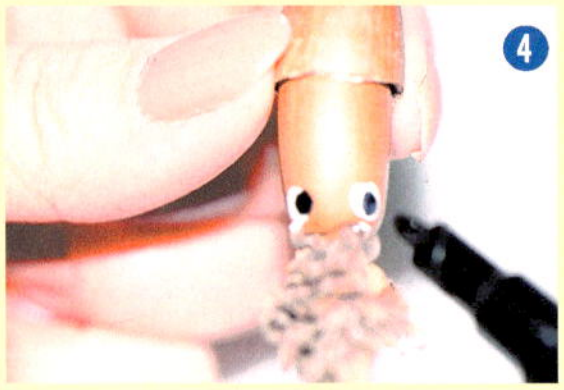

❹ 黒いマーカーで黒目を。横向きに入れたり、への字に描くと笑っているような表情になる。

いか様はスイスイ

たくさんのいかの向きをそろえて並べると、いかの群れが泳いでいるように見えます。この舞台には発泡スチロールの箱のふたを使いましたが、みなさんも身近なものを工夫して作ってみると、楽しさが増しますよ。

俺らいか様

台は発泡スチロールを波形にカットし、スプレーのライトブルーとグレーで２色に。岩や貝をあしらって、たこ君をゲストに呼びました。違う種類が加わると、ぐっと物語に奥ゆきがでて、おもしろくなりますね。

いか様のお通りじゃーい

天敵のかにさんを横目で見ながら、いか様のお通りじゃーい。それを後ろの岩かげから、いたずらたこ君が眺めています。たこ君もかにさんがこわいんだよ。

月の海に舞う

いかは、月や灯などの明るいものが大好きです。だから集魚灯についフラフラと近寄って、とられてしまうんだ。でも、遠いお空のお月様を眺めて、暗い海をヒラヒラ、スイスイ泳いでいるのなら安心だよ。

穏やかな海で……

いかが集まってよりかかっているのは、竹筒の鉛筆立て。大きな穴があれば、いざというときかくれることができるでしょ。みんな集まっていれば安心だし、いろんな面白いお話も聞けるからね。

さかな

ふぐ

「猿も木から落ちる」というけれど、ぼくらは木から落ちて、さかなになったどんぐりぼうずさ。でも、みんな集まってスイスイ泳ぐのも、とても楽しいよ。はりせんぼん君はツンツンしているけど、めだかさんはいつもおおぜい集まって、海や川の中は、みんな仲よしなんだ。いかさん、たこさんも、一緒に遊ばない？

二匹の世界

発泡スチロールをベースにして、ライトブルーのスプレーを吹きつけます。ふぐは波がしらの上につけると安定します。仲よしカップルのふぐを、ほかのふぐや、散歩中のいかとたこさんがうらやましそうに見ています。

玄界の濤を翔べ

とびうおは小鳥を参考に。ダークブルーにぬり、よく乾いてから目と胸びれを描きます。岩場はかきの殻と帆立ての貝殻。泡の玉は小さく丸めたコットンです。胸びれを上向きにつけると、飛んでいる姿になりますよ。

ふぐのつくりかた

材料▶胴は太くずんぐりしたまてばしい。尾は松かさの鱗片1枚。皮をV字に切った胸びれを2枚。

1 松ぼっくりの1枚をはさみで尾の形に切る。細いところを、とがった胴につける。

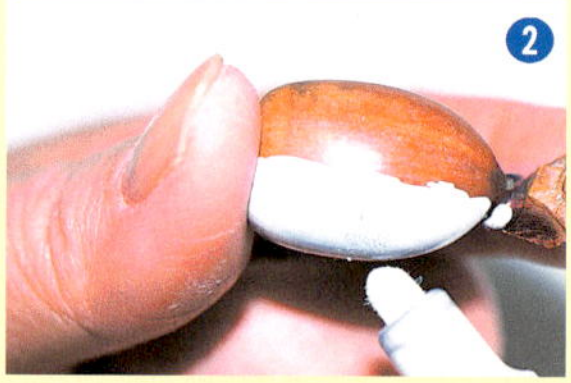

2 ふぐの胴の、下側の三分の一をマーカーで白くぬって、腹にする。そのあと、よく乾かす。

3 腹の頭よりに、V字の胸びれ(裏側に接着剤を多めにつけるとうまくつく)を広げぎみにつける。

4 上半分と尾、胸びれを黒くぬる。白い腹に、黒の斑点をつけ、とらふぐにする。

5 背側の頭に、白目を描き、よく乾いてから、黒目を入れる。目の表情もいろいろに。

珊瑚礁の彼方

大きな岩場は、流木の木の皮です。あなたが作ったお魚を、いっぱい集めると、こんなに楽しい海の楽園ができますよ。さんごは木の枝を赤いスプレーで着色し、岩はかきの殻や帆立貝。ところどころにこけや貝殻もつけました。

はりせんぼん様のお通りじゃ

頭はまてばしいの実。胴はアメリカふうのトゲトゲした実。尾と胸びれは松ぼっくりの鱗片を、トゲトゲの間に、ぐっとさし込みます。発泡スチロールを重ねた海の台に、濃さのちがう２色のブルーで立体感をだしています。

めだかさん、皆集まってなんの相談？

池はブルーの発泡スチロール箱のふた。周りにガーデニング用の芝生をつけて草むらに。めだかは細いまてばしいで、小鳥の胴を参考に、グレーの色をぬります。白目と黒目をマーカーで描いて、放射状に並べます。

水の舞姫

ぼこぼこしている岩は、よく洗って乾かしたかきの殻。飾り波は帆立て貝の殻に、コットンの玉をつけました。きんぎょには黒いマーカーでうろこを描き、殻の突き出た部分に、多めに接着剤をつけて固定させます。

ちょっとはでなくまのみくん

まんぼうのつくりかた

材料▶胴は太めのずんぐりしたまてばしい。尾は松ぼっくりの鱗片。皮でV字の胸びれを2枚用意する。

1 まっすぐに切った尾のつけ根に接着剤をつける（多めにつけると安定する）。

2 まてばしいのどんぐり（またはそてつの実）のとがっていないほうに、立ててつける。

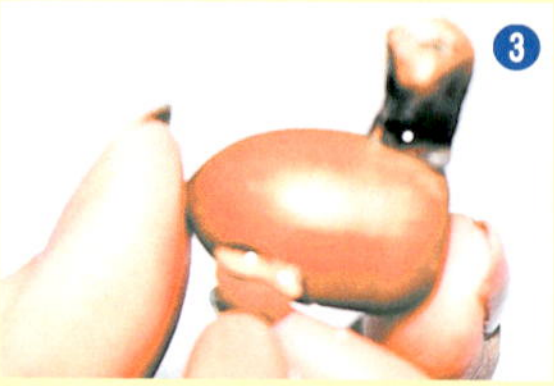

3 胸びれを広げるようにつける。裏側に接着剤を多めにつけるとはずれない。

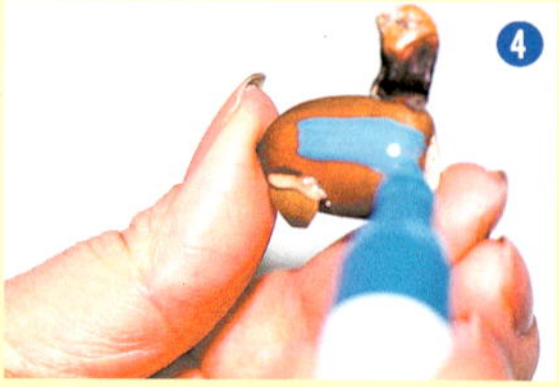

4 形ができたら、ブルーのマーカーをぬるか、カラースプレーを吹きつけてよく乾かす。

5 白目を描き、次に黒目を入れる。目の下に半円のえらを描くとできあがり。

きんぎょのつくりかた

材料▶胴はそてつの実。尾、背びれ、胸びれは松ぼっくりの鱗片をはずして、はさみで切ります。

1 そてつのとがったところを前後にし、頭（丸みのあるほう）に背びれ、腹に胸びれをつける。

2 尾は、松ぼっくりの細いほうに接着剤を多めにつけ、そてつの実のとがったほうにくっつける。

3 腹になる下の部分を、白く三分の一ほどぬって、よく乾かす。乾いたら泳ぐ姿に立てる。

4 真上から赤いカラースプレーをかけると、下になった白い腹の部分がうまく残る。

5 よく乾いてから目をつける。しいの実のヘタを伏せるようにとりつけ、白目と黒目をぬる。

まんぼう

みなさん、私たちのふっくらしたからだを見て、浮きあがってしまうんじゃないかって心配なさるけど、尾びれと胸びれでうまーくバランスをとって、ゆっくりと、ときにはすばやく泳げるんですよ。だいじょうぶ、だいじょうぶ。スーイスイ。知ってた？　大きいまんぼうは、たたみくらいの大きさにもなるんだって。

そこのけそこのけ
そこのけそこのけ

加工のしやすい発泡スチロールは台にはうってつけの材料です。波形に切って、ブルーのスプレーをぼかすように吹きつけます。まんぼうの胴はそてつの実でも作れます。近くに、遊び好きないかくんとたこくんがのぞいています。

つんのめらずに萬歩う

つんのめらずに萬歩う

岩場は凸凹したかきの殻を、２枚つなぎ、小さい桜貝でまわりを飾ります。まんぼうの胴はそてつの実。まんぼうのお腹やしっぽ側に接着剤を多めにぬり、頭を少し上向きに固定します。

きんぎょ

パッチリ目で少々太めだけど、色あざやかで、あいきょうのある泳ぎが私たちの自慢。「水中の舞姫」とか「水中の踊り子」だなんてほめられると、ますます優雅に泳ぎまわってしまうわ。――赤いきんぎょの、体の色と柄をぬり変えると、くまのみやすずめだいに変身します。涼しい風のはいってくる窓辺などに飾ってくださいね。アレ？　どこからか仲間のたい焼きくんの歌も聞こえるわ。

水の舞姫

きんぎょを基本にして、背びれがないのがくまのみです。黄色に着色し、よく乾いてから黒マーカーでしまもようを描きます。発泡スチロール箱でベースを作り、海草はガーデニング用の芝生をばらしてつけました。

ふくろう

わしらは〝森の学者〟なんていわれとる。森のしげみや大きな木のうろに住み、昼間は眠っているので、考えごとをしているように見えるんじゃね。夜になると大きな目を光らせ、野ねずみなどを捕らえるのさ。よく似てはおるがな、耳羽のあるのがみみずく、ないのがふくろうなのだ。夕ぐれに、林や森でホーウ、ホーウという鳴き声が聞こえたら、わしらの声なんじゃよ。

森の識者たち

枯木の枝に松ぼっくりをすえ、そこにふくろうをとまらせます。銀色にぬったそてつの実を中心におくと、なにやらふくろうたちが集まって知恵をしぼり、話しあっているように見えますね。

つくりかた

材料▶胴は太くてずんぐりしたまてばしい。羽根はどんぐりの皮をだ円形に切って片方をとがらせる。

1 胴のとがった方を平らに切る。こちらが下になる。とがっているとくっつけにくい。

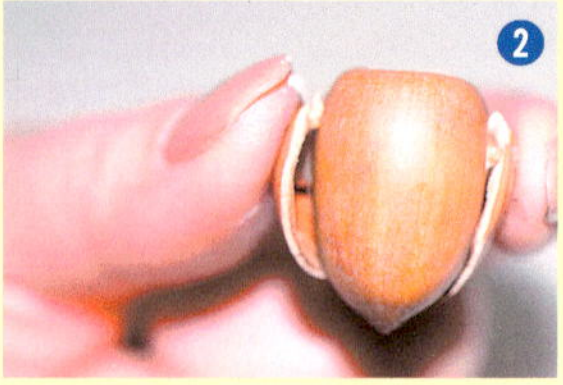

2 両側に羽根をつける。つけ根には接着剤を多めにつけ、しばらく押さえておく。

3 ちょうの形に白目を描き、中央に下向きの三角形にくちばしを描く。

4 白のマーカーが十分に乾いたら、黒目を丸く大きく、少し離れぎみに入れる。

空洞の幸わせ

ふくろうのお気に入りは、大きな木のうろです。100円ショップで買ってきた、白木の木じゃくしをうろに見たて、細枝を中央に１本渡し、右上には草の穂を束ねてつけました。上の飾りは、バラに似たヒマラヤ杉の実、右の巣はくぬぎのヘタです。

野の花を挿そう

いただいた花束のかごを利用しました。ふくろうの背に接着剤を多めにつけ、かごのまわりにずらっと固定し、野原でつんできた秋草をいけると、素朴で、ちょっとユーモアのあるふんいきが演出できます。

里の秋

枝ぶりのいい枯木を台にし、左側に野ぐるみを、右端にはすずかけの実を１つ下げました。飾るときに、色の美しい柿の葉といちょうの葉を敷いたら、静かな、里にちかい秋の風景になりました。

ことり

どんぐり林にたくさんとんでくる、色とりどりの美しいことりさんたち。楽しそうに歌をうたい、木から木へ飛び回り、おいしい木の実をついばんで、いいなあ。でも、みんなに工夫してもらって、しっぽをつけ、羽根をつけてもらったら、あれっ、ぼくらどんぐりもいろいろなことりになることができたよ。カラフルな色できれいにおしゃれしたら、白いはと、黄色のカナリヤ、黄緑のうぐいす、まっ黒なカラス。ブルーのインコ、茶色のままならすずめやホオジロ、ひよどりになっちゃった。

唄くらべ

枝ぶりのよい木を止まり木に、すずかけの実や造花で飾ります。色とりどりのとりをとまらせると、ことりのにぎやかなさえずりがきこえてくるようです。

つくりかた

材料▶胴は長め、頭は同じ太さのまてばしい。羽根は片方をとがらせて2枚。尾ははとの羽根。

❶ 頭の内側に接着剤をぬり、胴のヘタのほうを斜めに押し込んで、くの字に整える。

❷ 羽根を接着する。向きや角度でとまっているところ、飛んでいるところを表現する。

❸ 尾は胴の下側にピンとつけるのがコツ。はとの羽根は公園などで拾ったものを洗って乾かす。

❹ 色をつけるのはこの段階で。くちばしの先をぬり、白目と黒目を入れる。

陽が落ちたらお家に帰ろ！

枝を３本麻ひもで結び、壁掛けにします。一番下にはアメリカふうの実を下げ、両端にヒマラヤ杉の実をつけました。くぬぎのヘタにコットンの玉を入れると、巣のできあがり。あらかじめ、壁にかけておいてとりをとまらせるとうまくできますよ。

さえずり日より

花の入っていたかごを庭に伏せていたら、色とりどりのとりがやってきて、たのしそうにおしゃべりをはじめましたよ。

雁、元気に北へ渡る

大空に浮かんだ雲のように、スプレーで箱のふたをぼかして着色し、台を作ります。とりは羽根を広げた形に作ります。雁はかぎ型に並んで飛ぶので、Ｖ字に並べます。

雨宿り

いつも使っている竹かごの花器のまわりに、ことりが遊んでいるようにとまらせました。野の花を活けると引き立ちます。

おやつの時間

クッキーやキャンディーを入れるかごのまわりに、大小のことりをとまらせました。とりたちにお菓子をついばまれてしまうかも……よ。

雀の学校

背高あわだち草の茎を使って止まり木を作り、くちばしの向きをそろえてすずめを並べます。すずめの尾は短いので、くぬぎのヘタを細く切ってつけました。みなさんも、とりの特徴をうまく表現してみてください。

あひる はくちょう ひよこ

どんぐりのとりの私、色を変えるだけでいろんなとりに変身するの。茶色のままだとあひる、白くぬればはくちょう、黄色にぬればひよこにね。「みにくいあひるの子」って知っている？　あひるの子の中にまじっていた、黒くよごれた羽毛の子が、大きくなったら白いきれいなはくちょうに成長したというお話。まるで、白いスプレーで、きれいなはくちょうになったどんぐりのとりの私みたい。

あひるのつくりかた

材料▶胴と頭は大小のまてばしい。羽根はだ円形の先をとがらせて二枚。首は背高あわだち草の茎。

1 胴のどんぐりを横にして、ヘタのほうに、五ミリの長さの首を立てて接着する。

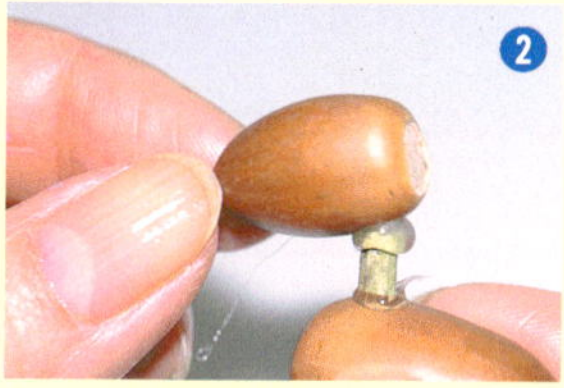

2 立てた首の先に頭をつける。角度や向きで表情をだします。逆につけるとふり返った姿に。

3 胴の両側に羽根をつける。とがった方をやや上向きにつけると、泳いでいる姿になる。

4 白目、黒目の順に目を描き、羽根の流れを描く。細くサッサッと描き流す。

スケーターワルツにのって

ふるくなった花台の後方に松ぼっくりと造花を飾り、はくちょうを同じ方向に並べます。端にかめを３匹配すると、情景に物語が生まれます。

パンが焼けたよ～

あひるを基本に、丸い頭をじかにつけると、ひよこになります。松ぼっくりの鱗片を短く切ってくちばしにし、黄色くぬります。パンかごに並べてつけると、こんなにかわいくなります。

ペンギン

私たち、空をとぶことはできないけれど、鳥の仲間なのは知っているよね。南極大陸などの寒いところが住みかです。足が短くてよちよち歩きだけど、海の中ではスーイスイ。つばさをひれのように使って上手に泳ぎ、お魚やいかをつかまえて食べるの。私たちの心配は地球の温暖化。氷山が溶けていくと、私たちの住みかはどうなってしまうんだろう?ってね。

つくりかた

材料▶胴は長めのまてばしい。頭は同じ大きさのものの先を切る。羽根はだ円形の先をとがらせる。

1. 頭の内側のふちにそって接着剤をつけ、胴のとがった方を押込む。くの字に少し曲げる。

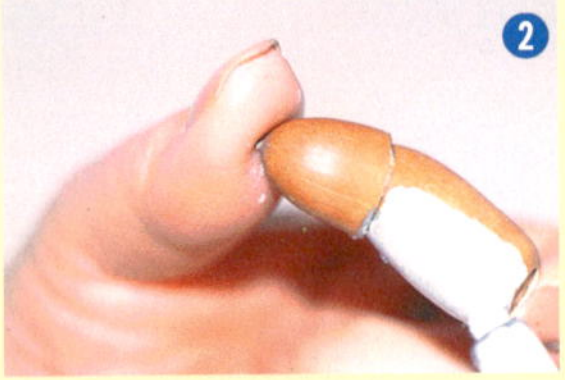

2. 指で支えて、お腹の側を白くだ円形にぬる。手につかないように十分に乾かす。

3. お腹をのこして、黒くぬりつぶす。少しずつぬっては乾かすのが、うまくぬるコツ。

4. からだの両側に羽根をつける。元の部分に接着剤をつけてしばらくおさえる。

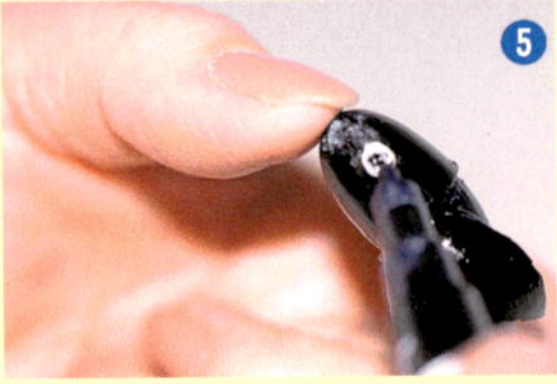

5. 羽根が固定したら黒くぬる。最後に白目をぬり、乾いたら、黒目を入れる。

南極の春

氷山は、発泡スチロールを重ね、指やスチールのブラシで表面をけずり、質感をだします。粗く仕上げたほうが雰囲気がでます。ペンギンを向かい合わせたり、グループで集まったように配置し、氷の上にことりをとまらせます。

急げ〜、シャチが来るゾー

台には流木を使いました。よく洗って乾かし、流氷のように発泡スチロール片をくっつけます。ペンギンたちは中央で左右に分け、同じ向きに並べます。シャチは、さかな（ふぐ）を参考にして作り、前の海に置きましょう。

波待ち

岩場はかきの殻をよく洗って乾かし、小さな貝殻をつけ、ペンギンを並べます。波が静かになるのを待ち、シャチやアザラシがいないかたしかめて、海へドボーン、ドボーン！

オーロラ村春待ち岬

発泡スチロールのかたまりを高く重ねて大きな氷山に。表面を粗く仕上げるのがコツです。後方のオーロラは、花束を包んでいた7色に光るセロファンをつけました。氷山の斜面に、海の方に向かってペンギンを並べ、一大コロニーを作りましょう。

カッパ

カッパって、頭の上にお皿がついていて、ここに水が入っていないと元気がなくなるなんておかしいね。人とおすもうをしたり、馬を川に引きこんだり、田植えを手伝ったりするというけれど、だれも本当に見たものはいない。人間の想像の動物だからね。水の神さまのおちぶれた姿だともいうけれど、ひょうきんでおもしろい。おかっぱ頭もカッパからきているんだよ。

つくりかた

材料▶胴は太めのまてばしい。頭はずんぐりしたまてばしい。手が2枚、とがった口、こうらが1枚。

1 太めのどんぐりの先を少し切り、どんぐりのとがった方をくっつけて、頭にする。

2 とがったどんぐりの先端を口のようにつけ、緑色でその口とお皿のまわりの髪を描く。

3 胴の両側に手をつけ、背中にだ円形に切ったこうらを、やや上よりにつける。

4 こうらも緑色にぬって、白目、黒目の順に描き、口の上に鼻の穴をつける。

雨に唄えば♪

台には小さな池を描いて造花の草を植えます。カッパの左右の手を前後の向きにつけると、手をふって歩いているような姿になります。手にしているかさは、造花の葉っぱ。

盆踊り

台は丸太の切れ端。松ぼっくりを黄色くぬって後方に。カッパが叩いているたいこは、まてばしいを半分に切ったもの。カッパ君たちが手にしているどじょうすくいのザルは、まてばしいのヘタ。さあ、みんなで輪になって踊りましょう！

川下り八人衆

いかだは背高あわだち草の茎を、たこ糸で組みました。さおも細い背高あわだち草の茎です。みんな川にころげ落ちないように。げき流下りだよ。

へのカッパ

でっかいカッパのおならは、アイスクリームのスティックです。においに卒倒したカッパの目は×印に。びっくりしている３匹は黒目を上向きや下向きに入れると、ユーモラスな表情になります。

江上和子　えがみかずこ

野村料理学園（福岡）師範科卒業後、同学園および東京クッキングスクールに勤務。のち、主婦と生活社編集部にて、主に料理、実用書編集に31年間たずさわる。著書に『賄い料理』『料理ハイテク』（ともに毎日新聞社刊）ほか多数。

写真——江上和子
デザイン——スペース・バディ

親と子で楽しむエコロジー・クラフト
どんぐりでつくろう かわいい動物たち　ISBN 4－7877－6315－6

2005年7月25日　第1刷

定　価　1300円+税
著　者　江上和子
発行者　林　利幸
発行所　梟ふくろう社
東京都文京区本郷2-6-12-203（〒113-0033）
電話　03(3812)1654　振替　00140-1-413348
発　売　株式会社　新泉社
東京都文京区本郷2-5-12（〒113-0033）
電話　03(3815)1662　FAX　03(3815)1422　振替　00170-4-160936
印刷・製本　長野印刷